揭開
自己的
謊言

那些我們
自欺欺人的方式
以及如何從
痛苦困境中解脫

喬恩・傅德瑞克森——著
梵妮莎——譯

THE LIES WE TELL OURSELVES BY JON FREDERICKSON

各界推薦

能不能是時候，我們選擇放棄捍衛小我，直視不敢面對的真相呢？《揭開自己的謊言》是一位心理治療師，在個案室裡直球揭開許多案主「自我欺騙」的案例，裡面許多篇都有我們的影子，或許你可以在其中，看到自己不敢直視的真相。

——柚子甜（心靈作家）

「深入研究謊言，才有可能找到真相」，作者用案例分析的形式，帶你看見人們是如何為自己設下謊言，持續活在謊言中，過著自欺欺人的生活。他也透過精巧的對話，引導人們看見真相是什麼，改以更全貌的觀點看待事實，而非以偏概全。當我們願意用更符合真相的態度生活，你的許多擔心將不攻自破。

——陳志恆（諮商心理師、暢銷作家）

這本書直指了痛苦的核心，毫不虛偽地點出了造成人生各種痛苦的源由。因此讀者在閱讀本書時肯定會感到苦楚，但一旦您誠心面對，隨之而來的就會是坦然與接納。作者不講理論，講述的是真相，並矢志推翻絕大多數人都未能認知到的錯誤態度。誠摯邀請所有生命的受苦者翻開這本書，你的治療之路或許將在這裡展開。

——鐘穎（心理學作家／愛智者書窩版主）

CONTENTS

序

人生很難，但心理磨難更是難以忍受。我們可能會為了找到一種承受的方法尋求心理治療師。一位好的心理治療師擁有從生活苦難中誕生、與生俱來的智慧，這種智慧無法自其他管道取得。但是，當我們找到這樣的人後，該如何一同努力，才能讓磨難告終？

為了要回答這個問題，我們必須了解自己為什麼會受苦，以及要如何恢復健康。那些已經吞下的謊言，與那些為了讓自己逃避痛苦的謊言會使我們生病，例如我們寧可吞下「我很糟糕」的謊言，而不願去承認自己受到冤枉；或者欺騙自己「事情有天會好起來的」，而不去面對一段已然分崩離析的婚姻。然而，經由一同面對內在與外在生活的真相，我們才有可能變得更好。我們都會對自己說謊以逃避痛苦，這是人性，那麼問題出在哪裡？我們往往看不清自我欺騙的方式，這就是尋求心理治療師協助的原因：他們能幫助我們面對自己逃避的事情。

本書可以幫助你不僅看清導致自己痛苦的錯誤謊言，還能幫助你面對事實、得到解脫，有助於你了解當心理治療試圖引導出改變時，會是什麼狀況。心理治療不只是聊天、一份回顧清單或是像玩填字遊戲那樣找出你的「解決方案」，而是一段建立於兩個努力面對生命最深刻真相的人之間的關係，這讓我們得以被療癒。

我們會深入探索那些讓自己生病的謊言，如此方能擁抱可以讓我們恢復健康的真相。在這個時代，我們都有可能深陷忽視心理治療核心的危機。我們是誰？為什麼受苦？在追尋什麼？本書將會試著回答這些問題，不是透過文字定義，而是透過散文的形式展現我們要如何面對那些自己想要逃避、但能導向真切改變的事物。

在這些文章中，所有可辨識的個人資訊都已經刪減或變更，以保護當事人。這些故事的用意是展現我們大家都會糾結面對的真相，以及我們用來逃避真相的普遍方式。某種意義上，這些他人的故事其實都是在陳述我們自己的故事。我們大家都在努力面對真相。

文中有許多人都經歷過椎心之痛，可能會讓你覺得不忍繼續閱讀。你的工作將是同理他們的痛苦，並從中辨識出自己的痛苦。透過這些故事，你會發現那些表面看似明顯的痛苦緣由，通常都不是導致一個人備受折磨的真正原因。

我們會覺得受苦受難，是因為我們逃離人生、死亡以及這些事物所帶來的教導。當我們擁抱內心世界、深愛的人事物以及人生，我們就會痊癒。你自身的奧祕和謎團是否能為你所知？答案很難說，但你可以接納自己。本書將會展示如何接納真實的自己。

導言

一名女士坐在我的辦公室裡，嘆了口氣說：「我不知道該拿我的婚姻怎麼辦，我的丈夫一直有外遇。我們有做過好幾次諮商，但一點幫助都沒有。他覺得內疚……至少他嘴巴上是這樣說，但每次他發誓完要忠誠，很快就會與另一名女子扯上關係。我應該要離開的，但留在婚姻關係裡比離婚還容易。」

「他發誓要忠誠，但又與其他女人扯上關係？」我回應。

「沒錯。」

「如果我這麼說適當嗎？『妳留下來是因為他發了誓，同時妳也試著忘記他的外遇紀錄』。」

「但我忘不掉。」

「妳無法忘掉這些事實，但目前聽起來妳的結婚對象其實是他的那些誓言。」

「這麼說太殘忍了！」

「我不是故意要殘忍。妳丈夫的外遇對妳所渴望的婚姻忠誠而言，不是很殘忍嗎？」

「是。」

「如果妳之前都相信他的言詞而非行為，那麼對妳來說，繼續相信他的話會很困難嗎？」

「我開始懂你的意思了。」

「如果我發現妳在傷害自己、忽略自己必須看清的行為，妳是否願意允許我直指癥結，讓我們可以終結這場磨難？」

「你這樣說就有道理了。但我們已經分床很久了。」

「我明白妳不再跟**他**同床共枕，但既然妳仍然和他維持婚姻關係，」我停頓了一下，「有沒有可能妳仍活在他的**謊言**裡？」

她的眼中充滿淚水。「那我要怎麼離開他？」

「妳並不需要，因為那個『忠誠的』丈夫早已離開。妳願意讓我幫助妳停止等待他回來嗎？」

這位女士希望自己的信念和不離不棄，可以讓丈夫也變得忠誠，但事情不會如此。為什麼她會對自己說謊？為什麼**我們所有人**總是對自己說謊？擁抱自己的希望遠比接受現有事實更容易。身為她的心理治療師，我不會在這次療程中找出她接受丈夫謊言的原由，我可能也不會在下次療程中找出答案，因為意義會隨著時間而逐漸揭露。

無論我們對一個人的認識有多深，這個人永遠都會是一個謎。如果人就是一個謎團，那心理治療就是一個謎遇到另一個謎。

為什麼我們會尋求心理治療師？由於傳統宗教的衰落，我們越來越常求助於心理治療師以得到幫助、結束痛苦，並找到人生的意義。對許多人來說，心理治療已成為一種世俗性的告解。雖然我們一方面想要從內在做出改變，卻又一邊藉由尋求他人認同、修正或建議自己如何改變他人，來幫助自己避免改變。聽到療癒召喚而前來的心理治療師可能會糾正我們的邏輯、傾聽我們說出心中所想或提供見解，但，縱使這些都是心理治療的基本要素，它們都不是心理治療的本質。

一段心理治療關係不能僅是一種施加於我們身上的方法、技術或行為。為了達成療癒之效，我們必須努力發現自己迴避的真相——那些我們藉由告訴彼此及自己謊言以逃避的真相。我們不需要建議，而是要深入研究謊言，才能找到我們尋尋覓覓的事物。

我們不需要被修復。我們可能認為自己必須修復自己，但我們試圖修復的往往是幻想，而且是破碎的幻想、四分五裂的自我形象和扭曲的想法，這些造成了我們的痛苦。**唯有放下虛假才能體驗真實**，然後我們才能接受自己，重新找回因謊言而失去的生命力。

有智慧的心理治療師不會僅談論我們的想法。治療不是一對一的關係。有智慧的心理治療師不會在我們喋喋不休、閒扯或在說出任何腦中浮現的話語時，靜靜坐在一旁。如果光說出所想的內容就能治癒人，那麼美髮沙龍早就可以療癒全人類了。有智慧的心理治療師不會單純仰賴洞察力，因為來自頭腦的洞察力無法治癒我們內心的痛苦。那麼，療癒到底是如何發生的？

心理治療師請我們去體驗躲在語言、藉口和辯解背後的真實自我。讓我們擁抱自己的內心生活（我們的衝動、想法和感受）和外在世界，它們被我們所相信的、那些關於他人和自己的謊言掩蓋。透過面對我們一直在逃避的事物，我們會經歷被稱之為「療癒」的內在挑戰。

若如柏拉圖所言「知識是靈魂的食物」，那麼在我們面對自己所逃避的事物之時，療癒就會發生，而知識也會應運而生。藥丸、針劑和電擊無法替代治療所能提供的親身經歷，本書呈現了面對所逃避之事物，將如何治癒我們。這些擷取於我執業經驗的個案，他們面對的都是大家會遇到的問題，並使用大家慣用的藉口。與此同時，這些案例也呈現他們是如何與治療師一起承擔那些難以忍受的事情，以面對他們以前害怕的事物。

在後續的章節中，會深入探索不同個案與治療師的相遇。個案在此透過與治療師面對面、促膝談心而得到治癒。個案可能會向我尋求建議並重複各種陳腔濫調，但他們仍然渴望找到那個被苦難掩埋的真實自己。他們在尋求的知識是什麼？在真相的概念常被拋棄的當今社會，為何世人依然投向「心理治療」的懷抱中尋求真相？

CHAPTER

1 有事情不對勁

SOMETHING IS WRONG

我們所有人都曾經歷人生的痛苦並被其襲捲淹沒。我們會透過告訴自己謊話，以避免被真相淹沒；我們甚至不會意識到那些謊言，也不曾故意說謊。不幸的是，這些我們可能是刻意為了拯救自己而說的謊言，會隨著時間逐漸成為自己最有殺傷力的敵人，帶來更多痛苦。

我們尋求協助，認為這些謊言如果出了問題，那麼自己也會有問題。同時也猜想著如果謊言解體了、讓內心感受浮現，是否意味著自己崩潰了？為了逃避自己的感受，所以我們告訴自己更多謊言，創造更多痛苦。

然而，如果這些心中所謂的「錯誤」能直指正確之道呢？如果我們需要的是停止逃跑、轉身接納自己所恐懼的呢？面對生命的真相不僅能讓我們從導致苦難的事物蛻變，也會給自己面對真相的力量。

在這個章節中，我們將會了解心理諮商師如何幫助我們看到症狀所指向之事：難以單獨承擔的痛苦。透過看穿謊言並找出在隱藏其中的感受和真相，我們可以回歸自我、回歸真實。

心理治療是過程，還是終點？

當我們逃避必須面對的事物時，就會苦於那些讓我們必須接受心理治療的症狀。我們可以忍受人生的苦痛，但心理上的苦難很難以承擔；我們可能失去了一個夢想、一個所愛的人，甚至是自己能夠被愛的希望。佛洛伊德（Sigmund Freud）稱呼心理治療為「透過愛的治療」[1]，這句話已經引起與人心同樣廣泛且多變的討論。不過，最近有位研討會講者將心理治療比喻為轉變的技術，而非愛。心理治療已經成為一種技術了嗎？那人際關係呢？我們這些人類或客體是可以被操縱的嗎？

在這個苦痛已經被簡化成腦袋裡的化學物質、錯誤想法或不良基因的時代，「心」正在呼喚我們。我們並非藥罐，而是渴望與內在生活、他人以及生活連結的血肉生命。我們想要的不是一錠可以逃避現實的藥丸，而是一雙幫助我們面對現實的援手。

療癒是發生在透過共同生活、因面臨生命、失去和死亡的掙扎而相連結的兩人之間，沒有人是全知的魔法師。個案和心理治療師都一直在學著生活、承受人生種種疑問。

舉例而言，在我受訓成為心理治療師時，一位分析師與我面談並問我是否曾接受心理治療，我回答：「是。」

「為什麼你會尋求心理治療？」

「因為我那時候一團糟。」

我不需要技術，而是需要一個人幫助我面對生活中的痛苦。我在小時候必須忍耐難以承受的孤獨，當我長大成人後，迷失在自己的掙扎中，無法看見個中緣由。我需要一名嚮導牽起我的手，進入充滿未知的暗黑叢林，在我與自己共處時陪伴著我。透過這樣的幫助，我可以脫離導致我受困的防衛，並在自己身上感受到一直希望從他人處尋求的智慧。

我開始了那趟我以為是心理治療的旅程，但是，如果這是一趟旅程，我們的目的地是哪裡？事實上，我們哪裡都不去，我們不前進，從此時此刻開始停止奔馳。我們可以耗費整個人生遠離自己，奔向一個名為「治癒」、「康復」或「啟蒙」的模糊目標。但，我們其實不需要追求任何事物，因為我們的感受、焦慮、對自己說的謊、甚至是刻意迴避的真相——一切都在此處。

有一名女士擔心自己四十歲的兒子生病了，他患有自閉症，必須與她同住幾個禮拜才能回到他的團體家屋（譯註：group home，一種社區式長期照護機構）。她說：「我實在是對他太生氣了。他過馬路不看路，差點就被公車撞！我對他大喊：『我要你當個正常人，我要你健康。』」

「妳要妳的自閉症兒子當正常人。」

「對。」

「妳要他變得不是他自己。」

「他必須改變。」

「一個四十年來自閉症從未改變的兒子必須改變。這是可能的嗎？」

「不，我想不可能。」

「我們希望我們的憤怒可以讓他沒有自閉症，但這辦不到，對吧？」

「對，辦不到。」

「他一直都有自閉症。妳已經等待了四十年，希望出現一個正常的兒子、而不是妳原有的自閉症兒子。我懂，誰不想呢？我們要不要來為那個妳從未擁有、也永遠不會擁有的正常兒子辦一場葬禮？」

她彎下腰開始啜泣。

我之所以提醒這位母親一直在否認事情，並非是為了帶給她痛苦，而是要讓她解脫——從那個已經折磨她四十年的幻想中解脫。透過面對她的現實人生，我讓她知道她也能面對。當她放掉那位不存在的兒子，就能接納真正擁有的兒子。

她能夠學會看見事實嗎？她能讓兒子仍舊有自閉症嗎？請注意，事實不會被給予或被接受。心理治療師只能點出個案現存的真相，領悟只會從個案的內心出現，而不是來自治療師的雙唇。

一旦這位母親承認了自己的願望，就能發現自己現在能擁有的：她兒子本來的樣貌。她幻想中的空缺就會由「原本的兒子」填補，而當她看穿自己所想要的並非現實，如何與她真實兒子共處的方法就不證自明。有趣的是，她越能面對事實，就越不用忍受來自謊言的磨難。

她幻想的能力並沒有消失，只是很勉強地從幻想中清醒。我無法讓她脫離自己的願望，只能幫她看到那個她總是拒絕承認存在的真實兒子。她那個沒有自閉症的兒子僅存在夢中，從未是事實。她在放手的過程中，揚棄了希望有一個正常兒子的渴望。這個願望有可能會再次出現，但這名母親可以自我觀察，而非執著於這個幻想，然後回頭去愛她所擁有的那個兒子。

我們慣於等待不存在的事物，而非接受現狀。一旦這位女士從自己的幻想中清醒、接受她兒子的現狀時，她可能會說：「噢，我的老天！其實是我，我需要變得正常。我需要在現實如公車像我衝來的時候，注意雙向路況。」

當我們與現狀連結時，我們就會變好；當我們與幻想連結時，我們就會生病。心理治療師會阻止我們逃離自己，讓我們可以在現實安定下來。請停留在此時此刻，去感受自己的感覺，它常常是透過焦慮向我們尋求關注。奇怪的是，焦慮會讓人深入那個我們一直想逃跑的地方，那個我們害怕深度探索的地方。

其實心理治療師往往都在傳遞相同的訊息：「**你想要逃離的就是你需要停駐的地方。你所恐懼的就是你必須面對的。你所忽略的就是你必須聆聽**

的。」

但我們過去學會的是不要傾聽。我們用趕路的方式在過人生，從未發現正在遠離自己的感受，以及引發感受的原因。我們從未學會去體驗「自己真實的樣貌」與「我們試圖看起來如何」的差異。為了要停止趕路，我們需要一位夥伴來幫助我們坐下、承擔和感受。那些一個人無法承擔事物可以透過分享變得得以承受。

這樣的承擔和分享並非一種技術，而是相互擁抱我們的內在以及外在人生，也就是「當下正在發生的事物」。分享和聆聽不就是愛嗎？一旦這位女士接受了兒子的自閉症，她就能夠愛他，再也不會要求他變成他無法成為的那個樣子——一個沒有自閉症的孩子。為了要療癒，我們必須一起接納之前無法承擔的現實以及我們對其的感受。

難以承擔之重

「喬恩，喬恩！」我的妹妹喊著。她兩歲半，站在靠窗的嬰兒車裡，而我一歲半的弟弟被窗簾的繩子纏住，就快窒息而死。我從床上跳起來、奔向嬰兒車、爬進去，試著幫雙腳亂踢的弟弟站好。弟弟不停扭動和亂踢，但他太重了。我們一直試著去抬起他、讓他的脖子從繩子掙脫，但就是辦不到。我奔向廚房尋求協助，保母從水槽上方的窗戶向我媽媽大喊：「佛蘿倫！」接下來我的記憶就是媽媽瘋狂地對弟弟進行口對口人工呼吸。幾分鐘後，當弟弟躺在棕色的毛毯裡、綠色的氧氣罩被丟在他身旁時，一名鄰居牽著我的手到她家，一直待到葬禮結束。我再也沒看過弟弟。

生命、死亡。我因弟弟的死感到愧疚。我在僅僅五歲時就面臨無解的問題。

但我並不孤單。所有尋求療癒的人都曾經歷自己無法承擔的痛苦：一位個案的母親曾試圖淹死她；一名男子的父親曾暴力毆打他，讓他的背部和臀部都滿是瘀青；另一名女子患有精神疾病的母親在十字路口中間脫個精光，赤裸裸地站在那裡，對著來往的車輛布道……我們有這麼多人類兄弟姊妹都處在痛苦中。

每位需要療癒的人都有一個關於心碎和失去的故事，讓我們痛苦到無法結束旅程的感受。為了要終結這趟旅程，我們尋求一個人幫助自己一同走完這條道路。

療癒

在治療過程中，我們發現我們透過關係療癒，因為在關係中產生傷口就必須**在關係中**療癒，在這種關係中，心理治療師不會「對」我們說話，而是「與」我們交談。他想找出我們在文字、想法和幻想背後的真正的自己。他是詢問我們的感受、而非我們的信念，並邀請我們進入一種不同的關係，另一個世界。他不會要我們閉嘴、克服它或忘記它，而是成為我們的感受能進入的接納之門。治療師向我們揭露了我們的恐懼有多深，並在我們承受恐懼的同時給予支持。

治療師不會閒聊外部世界的事物，而是詢問我們的內在世界，那些被我們摒棄的感受、衝動和慾望。他會指出我們是如何向他人隱藏這些部分——特別是我們如何向自己隱藏——然後鼓勵我們走出躲藏之處。他們會說：「你就是自己所遇見過最重要的人，為何不跟自己好好相處呢？」

為了要跟自己好好相處，我們必須學會聆聽藏在言語、藉口和解釋之下的自己。接下來的案例中，這名女子在療程的一開始並不是直接訴說她的問題，而是描述了去找髮型設計師和皮膚科醫生的一段經歷。

我問：「讓我們先把妳的皮膚科醫生放到一邊，妳希望我幫妳解決什麼問題？」

「我以前的心理治療師說我小時候受到過創傷。」

「那妳呢？妳想處理什麼？」

「有太多事情想處理了，很難選一個出來。」

「如果要具體一點，妳希望我幫妳什麼？」

「我想告訴你我童年的故事，也許這會有幫助。」

「在我們開始了解妳的過往之前，問題出在哪裡呢？」

她嘆了口氣，承認道：「我還沒準備好要切入問題。」

「妳想要我的幫助，但不願意告訴我妳的問題。如果我們不知道問題所在，會發生什麼事？」

「我無法得到幫助。」

「這種尋求幫助卻不讓自己得到幫助的模式，是否就是妳希望我幫助妳的地方？」

她的嘴唇顫抖著，眼裡充滿了淚水。

心理治療師對於個案所擺出的「一切都在掌控中」的假象毫無興趣，因為這個假象是用來隱藏她所害怕成為的真實自我的一道牆。在治療師點出個案隱藏的方式時，她也會發現，最後停止躲藏。她無法在毫無防備的赤裸狀態假裝自己「很好」，假象已經崩解。

心理治療師樂於接納我們的真實面貌，是以「人」對「人」的角度。治療師會接納我們的想法、感受和焦慮，我們會體驗我們所希望卻又恐懼的，那就是「以我們的原貌被愛著」。雖然，**事實上我們從不會害怕被愛，我們害怕的是當愛存在時，會暴露它先前缺席時所帶來的痛苦和悲傷**。

自我抗拒和恐懼的世界，會在我們的感情相互接納時煙消雲散。為什麼是相互的？如果治療師接受我們的本來面目、但我們不接受，我們就會永遠留存著祕密的自我抗拒。只有當我們也接納自己時才會產生治療效果。這種接納始於我們接納自己的問題。

個案不願透露問題的行為其實是一份禮物。她害怕暴露自己的問題就表明她害怕依賴我；這代表她拒絕了對接納的渴望。她的憂鬱症對她目前所過的生活說「不」，這就代表她害怕成為「是」。我接受她擔心我會拒絕所出現的抵抗。在這種相互接受中，悲傷會隨著謊言消散而流動：那個我們認為自己不值得愛的謊言。

我是不是哪裡不對勁？

我們經常告訴自己「我有問題」。讓我們看看一個案例，看看這個謊言隱藏了什麼。一位正在康復的古柯鹼癮君子聽到一個叫她吸毒的聲音，她說：「我不知道那是什麼，但感覺不對勁。雖然我不知道什麼是對的，但這絕對是不對的。」有時，「不對勁」的感覺就是試圖從內部成長的線索。

這名女子多年來一直在懲罰自己，認為自己應該受苦。為什麼？當初為了能持續購買毒品，她開始賣淫。她不想讓女兒知道這件事，於是就把她們留給了她們的父親——一名前男友。某天她得知這名前男友性虐待大女兒，顧不得當時自己居無定所，就立即將女兒們帶走並提出控告，但傷害已經造成了——她選擇了藥物，而非女兒的安全。

她之前的心理治療師試圖消除她的內疚，敦促她自我寬恕，而她擔心我也會這樣做。

「我之前做錯了！別想說服我這不是我的錯。」

「妳說得沒錯：妳做錯了。這種內疚感會一直跟著妳、直到妳離開人世。沒有人可以消除妳的罪惡感。我無權嘗試，因為這種內疚是妳最健康的一部分。正因為妳愛妳的女兒，才會感到內疚。這是妳愛的象徵，心理治療對此無能為力。但是我們可以幫妳解決從那以後妳一直對自己施加的可怕自我懲罰。畢竟，妳的自我懲罰對女兒沒有助益，不是嗎？」

她之所以痛苦，是因為她相信對自己說的這個謊言：「我應該永遠受到折磨。」她正確認知到自己「做錯」的部分，而她的內疚感是源自她的愛，當她終於接納並承擔自己的內疚感時，她感受到自己對女兒的愛（那也是她的內在之美）。既然已經不需要自我懲罰，她便停止吸毒和從事性工作，與兩者一刀兩斷。由於已經能夠面對自己造成的傷害，她開始在日照中心照顧孩童，象徵性地修復她過去所造成的傷害。

她曾經是名妓女，不過，假裝愛上你不喜歡的職業難道不也是一種賣淫嗎？一名從小被培養接手家族企業的男人在自家公司工作後變得十分憂鬱。「我覺得不對勁，」他說：「我不應該這麼沮喪的。」事實上，他的沮喪是對的，為什麼？他是一位技藝精湛的畫家。他的症狀是來自他內心世界的訊息：離開家族企業，去當一位藝術家。他因為活在謊言中而沮喪。一旦他擺脫謊言、活出真相，憂鬱症就消聲匿跡。

另外還有一位女子不需要離職，而是需要拋開對自己說的謊言。她問：「我為什麼會這麼焦慮？我的生活很棒，孩子們也都長大了，沒道理啊。」在我們面對事實並將它們擺在面前時，焦慮永遠都是沒道理的。

她的丈夫被視為家族企業的領導者，但實際上是她在主導。每次她要施加規範時，先生經常與她唱反調。在我們探究她面對先生這些行徑時的感覺，她向我保證她「沒有生氣」，並認為自己的憤怒是很不靈性的。她否認自己對先生生氣，但卻對其他員工發火。

她的焦慮表明了她的憤怒，也顯示出她其實打算對自己、先生和我都更加誠實。焦慮是一種不言而喻的象徵。很快地，她放下了自己的偽裝，對先生設定了界限，公開確認自己的主導地位，毫不掩飾地展現自己隱藏了三十年的能力。

也許這種認為自己不對勁的念頭意味著我們想要過更真實的生活。

我很好，但你有問題！

有時我們會說「我有問題」，但有時候又會斷言「你有問題」，並且對現狀百般挑剔：「我老婆不應該遲到。」「我先生應該知道我想要什麼。」我們開始把「應該」放在他人身上，如果他人不是我們想要的樣子，就認為對方是錯的。也許其他人並沒有錯，反而是將我們從幻想的子宮中拉出來的助產士，他們會幫助我們生下自己嗎？

一名對妻子外遇感到憤怒的男人咆哮道：「她背叛了我，她不忠。我不敢相信她這樣做！太糟糕了。」

這很糟糕，但也是對現實的審視。妻子的舉動讓他從婚姻美夢中驚醒。雖然震驚於妻子的外遇情事，但他本身也早就和事業「外遇」了——他對工作的痴迷造成對妻子的冷落。當婚姻的海市蜃樓消散時，他發現自己的不屑一顧扼殺了她的愛。

「我跟她說想買什麼就買什麼，」他厲聲說道，「我甚至把一百萬存入一個慈善戶頭，這樣我們就可以一起經營。她到底想要什麼？我是個大忙人，一個禮拜有四天在曼哈頓工作。我沒時間做『在家一起吃晚餐』這種事情。我在華盛頓特區的精華地段買下那棟豪宅，想說打理房子就夠她忙的了。」

這名男子不愛他的妻子，他喜歡的是**他希望妻子成為的樣子**。在得知妻子婚外情後的第一天，這名男子一直處在怒火中。「我告訴她必須停下來，否則我們就完蛋了。她跟我說不要對她大吼大叫。我沒有大吼大叫；我告訴她，除非她甩了那個王八蛋，否則我要跟她斷絕關係。」

他覺得震驚，因為他否認的事情不斷與現實相撞。他真正的妻子不斷出現在眼前，而不是幻想中的完美妻子。她為什麼要反對他控制她的願望？他理所當然地認為她應該服從。對他來說，只存有一種想法和慾望。他不明白妻子為什麼要放棄他的城堡，卻沒有意識到妻子覺得自己不像公主，而是籠中鳥。

在我們嚇傻的那一刻，可以選擇讓真相出現，也可以選擇用謊言將其拒之門外。這名男子冷笑道：「她就是個自私的婊子。她從來沒有愛過我，只在乎自己。我一直試圖告訴她出了什麼問題，但她不願意聽。」

對他來說，他個人的信念是就是深刻的見解。他假設她不愛他；他信以為真的假設讓他看不清事實。妻子渴望他的愛，但他愛自己的故事勝過愛他的妻子。

這些被稱為「投射」的信念看似真實，因為它們的確是真的：它們是我們自己拒絕、並在他人身上重新投射的現實。如果我們批評自己，就會想像別人也在批評我們；如果我們忽視自己，就會想像別人忽視我們；如果我們不關心自己，就會認定別人都不關心我們。然而，我們投射的對象就可以成為一面鏡子，讓我們觀察、學習和接受自己所抗拒的事物。

在我們自己的遊戲場內，有些人似乎「錯了」，因此我們批判、譴責，並且覺得困惑，宣稱自己根本無法理解他們。為什麼？因為這些人不符合我們所設定的故事，我們認為他們應該要跟自己一樣，想要我們所想要的、做我們所做的，並以我們的方式思考。我們常希望他人是完美的，而這指的是我們自己的完美複製人。

是妻子出軌自私，還是丈夫目中無人自私？是她不要臉，還是他王八蛋？他從來沒有愛過她，他愛的是那個**他希望她成為**的人，並且不斷強迫她符合那個形象——那個他宣稱是「正確」的形象。

「你錯了」這句話的真正意思是，「我害怕那個你從我身上引發的真相」。正如我一位同事所言：「真相會治癒你，但它會先讓地獄般的痛苦降臨。」難怪我們會指責別人犯下我們自己也有的過錯。

這位丈夫無法面對自己的真相，不斷將自己的自私、缺乏愛和背叛歸咎於妻子。當我們收回指責時，就能感受到自我認知的痛苦。

「錯的人」會不會代表的是被我們驅逐、苦等著受到接納的那一面？會不會妻子的外遇與丈夫的工作狂相互呼應？即使在妻子為婚外情一事道歉，他仍持續批判和譴責，並且對她試圖溝通的努力視而不見。這樣的言行是否揭露了「他喜歡的是批判，而不是妻子」的真相？如果真是這樣，難道她不該去別處尋求愛情嗎？

持續批判她的脆弱，反映出他厭惡自己的脆弱，以及脆弱因外遇風暴而暴露出來。如果我們可以對這些「錯的人」說「謝謝你讓我在你身上遇見自己，我討厭你身上那個我所拒絕的東西」，或許會省下很多麻煩。可惜，我們往往把自己的缺點推到別人身上。

當心理治療師邀請我們承認我們將自己的缺陷歸咎於他人時，我們承受著自我認知的痛苦。但當我們凝視自己的鏡子（那位「錯的人」）並接納對方時，接納的那一刻就成了歸屬。「錯的人」在我們心中激盪出的感覺，都是我們想像他們會有的感覺。我們可以繼續將他人視為「錯的」並拒絕面對我們的內在，或者也可以讓對方幫助我們回歸自己。

我覺得分崩離析

回歸現實聽起來很棒，但當現實意味著失去工作、被解雇、生病、離婚或死亡時，就不是那麼一回事了。在我們回應艱難時期時，時常認為自己分崩離析、碎成一地或灰飛湮滅。到底是什麼分崩離析？是什麼碎成一地？是什麼灰飛湮滅？我們的幻想破碎、希望崩解、夢想消失。當我們看向窗外時，世界仍持續運轉著；當我們往內觀時，看到的是碎裂的幻境。

幻象崩解可以讓真相介入。我們認為自己分崩離析、被人生出其不意重擊，但我們仍在這裡。那麼，我們真的分崩離析了嗎，還是分崩離析的只是我們的自我形象？是我們死亡了，還是我們的夢想死亡了？看著幻象的保護殼崩塌是多麼困難的事情。

舉例來說，有一名拒絕承認妻子罹患嚴重精神疾病的男子，他一直希望有一位願意接受幫助的正常妻子，而非一位多次拒絕療程的精神疾病患者。當這個幻想破碎、即將落地崩壞之前，他仍試著做最後的掙扎：「你會不會覺得物理治療對她可能會比較有用？」這句話就是他選擇讓「否認現實」戰勝「真實經驗」，因此與其認為他對妻子忠誠，不如說他是對自己的希望忠誠。一直要到他淚流滿面，才意味著他終於與潛藏的現實重逢。

正如知名作家傑夫．福斯特所言：「崩潰總是指向更深層次的真相突破，因為只有你的內在錯誤才能讓你崩潰。真相無堅不摧。有人稱這種認知為『清醒』，有人則稱其為『自我實現』[2]。」

一名女子出現臥室在移動的幻覺，為了讓房間停下來，她用頭撞牆；她哭泣、雙手因為抓牆壁而流血。她的丈夫離她而去，世界已經變了，而她無法阻止，她把對所愛丈夫的憤怒轉移到自己的頭和雙手。

「我覺得很崩潰，但我不能自殺，我必須為我的女兒蘿拉活下來。如果沒有她，我一定會自殺，我已經破成碎片了。」當她的「幻想」被打破時，她想像「自己」也被打破了。她看到牆壁在移動，但生命仍在前進，一如往常。她認為生活沒有改變的幻想（也就是否認）被「現實」打破，於是她的否認開始瓦解。

當現實扼殺我們的願望時，有些人可能會尋求自殺以泯除願望凋零帶來的痛苦，自殺研究學者愛德溫・施奈德曼（Edwin Shneidman）稱之為「心理痛苦」[3]。與其體驗生不如死的凋零願望，我們可能會選擇肉身死亡，以中止被稱為悲傷的痛苦產生。

這位女子認為自己快死了，因此變得更加破碎。但其實是她的幻想正在崩潰，這讓真正存在的東西有機會現身。儘管我們想像自己正在崩潰，但我們永不會破碎。破滅的是我們的幻想，所有的否認和要求都無法將我們的幻想重新組合在一起。當我們的否認被打破時，悲傷和憤怒開始流動。在這傾巢而出的過程中，感情之火燒灼的並不是我們，而是燒毀了我們的幻想。

由於害怕失去幻想，我們會告訴朋友自己受到了什麼樣的委屈。這些故事的內在一致性使其看似為真，但其實都是虛假的，因為它們將現實其餘的部分排除在外。「扭曲」的美妙之處在於，我們可以透過忽視足夠的訊息以妖魔化任何人，把人變成如卡通一般，同時把編造出來的故事視為事實。

沒有什麼比離婚更能引發這種妖魔化的衝動。一位被家暴的妻子在經過幾年婚姻治療後離開了丈夫，丈夫很生氣。這位女子雖然有缺陷，但也很有耐心、有愛、有奉獻精神。當她一離開他，丈夫就透過想像把她變成了說謊者、騙子和膽小鬼。他向任何願意傾聽的人抱怨，散布費心編織的長篇缺點清單，並忽略她的許多優點，在他口中一位賢慧的女子莫名其妙變成了惡毒的女巫。

「現在我知道她的真面目了，沒有人看過我所看到的。大家看到的是她裝出來的好的一面，而不是真正的她，隱藏得真好！」他會打電話給朋友，講述那些自己想像出來的罪行：「有些關於我前妻的行徑你應該要知道……」

我們樂於妖魔化我們的「壓迫者」，在朋友或心理治療師面前將對方塑造成卡通化的形象，這樣他們就會予以同情、讓我們沉浸於自憐自艾中。

這無疑是一種自虐慶典[4]，我們一邊高唱受害者之歌，一邊怨嘆人生與幻想的差異性。

這名男人為了等待他「受害」的妻子改變，從而先讓自己「成為」受害者。他囚禁了唯一可以改變的人：他自己。我們常因為沒看見自己如何讓自己成為受害者，而真心相信自己是受害者。我們會把自己的所作所為歸咎於他人，對真正的罪魁禍首視而不見。

這位家暴妻子的男子堅持她是說謊者、騙子和膽小鬼，表現得好像可以透過霸凌手段讓她成為自己理想的化身；他既對自己、也對妻子說謊。此外，他透過這些手段與理想中的妻子談情說愛，並且抗拒、欺騙他真實的妻子。霸凌一向是一個懦夫的標誌，一個如此害怕生活的人，試圖藉由霸凌讓現實生活不復存在，而非接納它。當丈夫的幻想破滅時，他便試圖破壞妻子的生活，這導致妻子從他的幻想泡泡中逃離。

心理治療師必須質疑我們的受害者之歌，邀請我們接受被我們拋棄的事實，而非贊同我們想像出的故事情節。當我們面對事實而非沉迷虛構時，就會承認所愛之人與自己一樣有優缺點。我們也曾是加害者，別人傷害了我們，我們也傷害了別人。我們很想宣稱自己是無辜的受害者，但其實從來都不是完美無缺、無可指責或毫無愧咎。

接納生活本來的樣貌很困難。當我們接納生活的原貌時，幻想就會崩解。我們需要情感勇氣來承擔痛苦，不去逃跑、解釋或辯解。身為受害者，我們會要求別人認同自己的故事，但我們必須放下故事，看清楚自己到底是誰。

我們在放下虛假外貌時會感到赤裸。我幫助一名男子面對一直迴避的事情時，他指責我說：「你想要讓我暴露一切！」我解釋道：「好消息是我做不到，只有你可以暴露自己。我可以問問題，你可以暴露自己或不暴露自己。選擇權在你：你是否想把自己暴露在自己面前，不再盲目生活？」

當他選擇暴露自己的內心生活時，會發現人總是赤身裸體。我們的外表是虛構的、無形的。縱使我們試圖隱藏自己的真實樣貌，他人總會看清。若不穿越幻象的面紗，我們就永遠無法脫離現實。當我們之間沒有假象時，就會在最深層次上意識到我們每個人都在與感覺、謊言和渴望鬥爭。

如果感受是愛的多種形式？

我們從心理治療學到什麼？真相。我們要如何學習？透過接納。誰是我們的導師？此時此刻。為了要確保我們注意到真相，生活會向我們傳遞許多訊息：焦慮、憤怒、悲傷、抑鬱、好的和壞的人際關係——所有發生的一切。當我們對於接納人生帶給我們的事物感到困難時，我們會舉手求援；或，我們會選擇拖延。

一名女子等待著現有的生活變成她想要的樣貌。她因為上司拒絕讓她升遷而憤怒，問道：「我必須接受嗎？」

「不，生命會等待，直到妳準備好。」

「我還沒感覺準備好。」

「妳想要等多久呢？」

等待是一根讓我們期待人生符合幻想的魔杖，但我們的幻想必須改變以符合現狀。

當我們停止等待人生改變，我們就轉變了。每一個打破防禦、釋放感受的人生危機都會揭示潛藏在我們心中某些維度，在承受那些潛藏的維度後，我們將經歷從內在浮現的洞察。當我們深入其中，就會更深地體驗自己，並找到我們所渴望的智慧，然後，我們可以選擇要否認它、還是接納它。

這不是一生一次的選擇，而是時時刻刻需要做的決定。有次諮商時，個案在流淚，我問他：「你現在感覺怎麼樣？」

「我想到那個時候我……」

「但是現在呢？」

「昨天我……」

「你的感覺是什麼呢？」

他淚流滿面：「我記得父親去世的時候，大家都以為他聽不到我們的聲音，所以沒有和他說話。我坐在他旁邊，告訴他我們剛剛參加的派對。我和他說話時，他伸出手拍了拍我的肩膀。」突然間，他意識到他討厭的父親其實是愛他的。

他的新洞察來自於內心深處。我們害怕從內心伸手抓住我們的感覺會將我們向下拉，這些感覺也確實會如此；它們將我們拉入內心的深處，一切理解的源頭。在悲痛中，他不僅體驗到了父愛，也體會到自己對父親的愛，這是他給父親的禮物。

承擔情緒會將我們變成一組稜鏡，當我們折射通過感覺光譜時，會出現一種特殊形式的光，稱為洞察之光[5]。**這位男子對父親的洞察不是來自他的頭腦，而是來自內心**。

在我們放棄否認之後，幻想就會消失，感覺隨即湧入，浮現那個我們尚未認識的人。**感受是愛的多樣形式，是擁抱現實的邀請，讓虛假可以消失，揭露你內心的真實**。

我們的苦難指向何處？

如果每一種感受都是愛的一種形式，由創傷引起的感覺也是嗎？想像一下被焦慮淹沒的感覺，那怎麼可能是愛？

有名男子被恐怖分子囚禁並遭受酷刑，恐怖分子在他面前姦殺了他的妻子。他因緣際會得以逃脫，逃離了母國，在遙遠的土地成為難民。他因多種症狀而不知所措、尋求幫助。

醫生嘗試了許多治療方法和藥物來治療他因遭受創傷造成的影響，卻沒有任何幫助，直到心理治療師反覆詢問焦慮可能的意指：「是什麼感覺導致這種焦慮？」這位難民的情緒不斷上揚，直到他顫抖雙唇透露出祕密。

他在妻子遭遇殘忍姦殺後逃脫了。但在離開母國之前，他還有一件事要做——這名被追殺的男人成為了獵人，一心想要報仇。他找到了凶手，將他擊倒、捆綁並活剝了他的皮。

這位難民的焦慮指向他所遭受的創傷和他造成的創傷。他因為折磨那名施虐者，讓自己成為了自己最討厭的人。他反過來又被焦慮、內疚和自責折磨——這是報仇的代價。

復仇是一種魔法。我們報仇時假裝可以透過將痛苦施加在他人身上以擺脫痛苦。這位丈夫並沒有藉由扯下凶手的皮膚來撫平內心的悲傷；相反地，他放棄了自己的人性，那天他形同剝去了自己的皮。

因為他折磨了凶手，他不得不因自己所施加的折磨去承擔內疚，並承擔自己眼睜睜地看著妻子受到折磨時感到的痛苦、悲傷和無助。透過向心理治療師傾訴自己的罪行，他對自己犯下的謀殺和進行的酷刑感到內疚。他面對自己的悲痛——他曾試圖藉由報仇來泯除這種悲痛——並在最終恢復人性。

他希望透過撕下凶手的皮將自己內心的痛苦撕成碎片。當我們自己遭受痛苦時，可能會像他一樣試圖透過將其強加給他人，以擺脫痛苦。然而，雖然我們竭盡全力繞過生命中的痛苦，卻不可能做到。顯然，生活會囊括我們的一切：悲傷、憤怒、內疚和幻想。**我們的痛苦直指我們害怕在自己內心接受的真理**。

CHAPTER

2 我們是如何逃避生活中的真相

HOW WE AVOID THE TRUTH OF OUR LIVES

我們為什麼要對自己說謊？是為了要逃避在面對和接受現實時所產生的感覺。

我們常常會透過等待幻想成真來逃避生活中的真相，而非面對真實。等待真相變成幻象時常是我們對自己所愛的人、自己和生活本身撒謊的方式。痛苦是因為我們與現實纏鬥，而這是一場必輸無疑的戰爭。

我們很難察覺那些對自己說的謊，這就是為什麼我們需要心理治療師來幫助自己了解這些謊言以及它們所造成的代價，然後就可以開始面對我們所逃避的真相。

當我們放下想像，就能面對現實。透過接納自己的感受和現實的樣貌，我們不僅能發現自己是誰，還會發現世界真正的模樣，讓我們可以開始走入世界、了解它所揭露的真相。

痛苦

前一章提到的被折磨的男子和他被姦殺的妻子，所帶來的恐怖令人覺得毛骨悚然。雖然不是每則故事都如此駭人聽聞，但並不表示它們感人或痛苦的程度會較為緩和。每則故事都代表著治療能如何讓我們從誤導生活的幻想中解脫，並邀請真實進入，成為值得信賴的嚮導。

疾病透露了健康是我們即將失去的禮物。當死亡「偷走」我們的生命時，它點出我們究竟擁有什麼，答案是：一無所有。身體、思想、生活和所愛的人似乎都曾是屬於我們，直到我們嚥下最後一口氣，它讓我們以為擁有的一切都化為海市蜃樓的原形。失去性命可以奪走我們的幻想，揭露一切其實都是恩賜：我們一直是一無所有。

失去沒有對錯。生命遠大過於我們所持有的任何意見。我們認為人生應該以我們的方式出現，但它卻是以自己的方式出現。我們驚訝地發現世界並非依照自己的想像所打造，認定死亡干擾了我們對「人生不存在失去」的幻想。但無論我們如何對抗現實，現實總是勝利的一方。[1]

然而，疾病和死亡的失去無法每次都消除我們對人生的幻想。從否認的心態來看，死亡是不公平和不正義的。與其面對現實，我們可能會選擇不存在的東西，等待我們的幻想出現、讓現實消失。當我們持續幻想時，生命就這樣過去了，而我們卻在等待一個永遠不會抵達的幻想生活。因此，我們為自己所造成的失去，反而更加強化了生命的失去。

死亡是現實的一部分。我們可能會面臨一個人的死亡、一段婚姻的結束、一段感情的消逝、一份事業或一個夢想的終點。所有的慾望都會帶來死亡，因為在每一個對不存在事物的慾望遇到現實世界之時、對永恆的渴望遇到無常之時、對無限的渴望遇到極限時，都注定會走向末日。

一名女子渴望哥哥的愛，儘管哥哥排斥她、對她吼叫、偷走了她應得的遺產。由於這名女子無法得到哥哥對自己的愛，她透過他的女兒來尋求這份愛，頻繁地去見自己的姪女並照顧她。有一天，哥哥告訴她不可以再來探望姪女了。在失去與哥哥建立「愛的聯繫」的最後希望後，過往防堵的高堤就此崩潰，悲傷四處流溢，她的否認也隨之飄散。

在為她的幻想之死悲傷過後，她有感覺好點嗎？（她仍然和她哥哥有關係，只是不是她想要的那種關係。）「我從來沒有像上次那樣哭過。這太痛苦了，但我覺得鬆了口氣。」她說。

我問：「你怎麼看這件事呢？」

「大哭過之後，我意識到我可以面對真相。直到我哭了，我才意識到自己是多麼努力地逃避它。我心裡是懂的，但一直到上次諮商我才真正面對它。我不必再與它對抗，感覺更輕鬆了。」

我們沉迷於幻想自己應該如何被愛、被尊重或被渴望。**並不是這些幻想造成我們的痛苦，痛苦是來自我們對它們的執著。**這名女子執著於她想要一個不存在的慈愛兄弟。當我們親自面對這樣垂死的願望，要不就會像這名女子一樣悲傷、要不就是會伴稱生命一文不值，而事實上，那只是我們的自我形象。這名女子意識到她對姪女的愛是有意義的，但她身為一個被愛的妹妹的故事卻並非如此。她不得不對於自己因失去而產生的痛苦感到哀傷，對於她拒絕接納自己兄弟原本的樣貌、強加給自己所造成的損失而感到悲傷。

現實往往令人失望，而幻想則以無止境滿足的承諾誘惑我們。當我們去看心理治療時，我們會為那些誘人承諾的凋零而哀悼。逃避這些痛苦感覺時，就會遭受因忽視生活中的情感真相而導致的症狀。在治療過程中，我們可以面對過往逃避的感覺，並停止生活在一個不復存在的世界中。

我們尋求治療師的幫助以面對生活中的真相和它們所引發的感受；我們希望療程能讓痛苦消失。它可以的，但當我們面對幻想破滅時，我們可能會選擇祕密的抗議手段——放棄。

我：「我放棄了戰鬥，但我仍然恨你。」

現實：「慢慢來，不要著急。如果你想，你可以鄙視我。人們可以耗費一生的時間這樣做。」

我：「你不公平。」

現實：「公平是你為你的幻想取的名字。當我出現時，你很驚訝。你幻想仇恨會改變我並挽回失去的夢想。一切都太晚了。我已經打破了你的幻想。等你準備好，我們可以為那已入土為安、離開這世界的自我形象舉行一場葬禮。」

當我們執著於一個被愛、勝利、被欽佩或正確的自我形象時，要舉行這樣的一場葬禮是多麼不容易的事情。**這些自我形象是隱藏我們真實自我的華服**。生活把它們從我們手中奪走了，我們因此哭泣，不過還有一個堅持自我形象的策略：我們可以把悲傷當作一個需要解決和克服的問題。

悲傷

然而，我們的悲傷並非一個問題，而是一條道路。我們悲傷時會屈服於真理，它能洗去虛假、留下真相。我們並不是要克服悲傷，而是要在與現實的交流中度過悲傷。在這個交流當中，我們不必放棄幻想，因為眼淚會沖刷掉我們對排斥生活的幻想執著。

這裡有個悲傷的療癒力量的例子，一名各種搞破壞、自我毀滅的男子在他的世界崩潰時接受治療。在長年的自我毀滅過程中，他摧毀了所有重要的關係，對此他說：「我需要擺脫這種恥辱和內疚。」

「如果它們是療癒之路呢？羞恥是從內心深處發出的信號，表明你沒有辜負你想成為的人。」

「你說得沒錯。」他含淚說道。

「你對自己所傷害的人產生的愧疚表明了你的愛，你更高層次的自己正在請求你回家。」

「我不認為我曾試著活成那個更好的自己。」

「你不需要克服羞恥或內疚。你需要經歷它們。它們是你真實自我的跡象，是超脫於外表下的人。」

內疚和羞恥並沒有造成他的痛苦，造就這些的是他的謊言。我們永遠不會被最深的感情傷害，只會在我們抵抗這些情感時受到傷害。接納生活的原始樣貌時，我們會承受劇烈痛苦。當幻想消亡，我們會以為自己快死了，進而揭開事實與我們之間的面紗。最後，我們可以在了解真實自我的真相中得到安穩。

在後來的一次會面中，這個人對於自己破壞早年關係的行徑感到悲傷。他看清自己在生命中一直是虛偽以對，因此沒有人能以適當的方式愛他。他一邊為自己所失去的啜泣，一邊為自己的謊言感到內疚，說：「我會永遠感謝你還給我人性。」事實上，我無法「還」給他，因為人性一直存於他心裡，隱藏在他的謊言之下。

普遍成癮

我們受苦的程度等同於我們與現實的距離。我們非但沒有藉由奔向真相來結束痛苦，反而是透過食物、工作、酒精、藥物和性來遠離真相。大眾常對成癮有所誤解，因此很少關注真正的癮頭為何，那就是我們真正上癮的是沒有活在當下，不想感受自身的感受。我們要的不是當下，而是想像中的過去或未來。

前面提到那位殺死謀害髮妻凶手的男子不想感受自己的感受、或保留自己的記憶，但那些感受和記憶是真實的。殺死弒妻的凶手並無法挽回妻子被謀殺的事實。

我們沉迷於對「非我」、「非當下」的想像性體驗，這也就是所謂的普遍成癮。食物、藥物、網路、性、名聲、工作和酒精，這些都是我們用來逃離現實世界、進入想像世界的工具，這個想像世界是依照我們認定人「應該如何」的樣貌形塑而成。我們渴望一個理想化、但從不曾存在的過去或未來。我們無法將過去活成當下，寧可等待自己所希望的故事成為當下，而非讓事實成為事實。

我們幻想自己如果生活在不同的時間或地點，就會找到平靜、滿足和能夠放鬆休憩的內心家園。渴望「非我」、「非此地」和「非現在」讓我們無家可歸。我們試圖透過急忙踏出下一步來逃離這一刻，但「此刻」是我們唯一擁有的歸宿。

我們往往在已然完整之時，繼續奔向另一個時間、地點或存在方式，以期讓自己完整。如果沒有意識到這一點，在朝著想要的方向奔跑時，反而會離自己遠去。接納現在感受到的一切可以讓我們完整，但我們不願意接受現有的樣貌。我們想要自己希望的、追尋偏愛的願望，而不是接納自己現在的樣子。我們恣意選擇想要的幻想，認定自身所希望的事物盡在遠方，卻不知道我們所需要知道的事物就在眼前。

我們試圖逃避、抗拒和防堵不喜歡的東西，並且逃離恐懼，但恐懼就是一盞明燈。**恐懼是指引我們應當探究何處的光，也就是探究我們的抵抗。**當我們接受自己內心所恐懼的東西時，內在自我和外在自我的結合會就此完成。

然而，我們常常沒有意識到自身對於自我感覺的抗拒，而是持續抗拒觸發我們感覺的人。例如，我們抗拒另一半，忽略對方說的話，等待對方說出我們希望對方說的話。然而，這種與自我分離的狀況可能導致婚姻破裂。

一名頭戴棒球帽、穿著短褲和涼鞋的中年男子坐在我的諮商室裡，用疏離的語氣告訴我，他的妻子想要離婚。經過多年的掙扎，個別心理治療、伴侶諮商，她已經放棄婚姻，但他仍然想嘗試。

「我真不敢相信她想要離婚。」他說。

「你並不需要為了她而去相信『她想要離婚』的念頭。」

「我不明白她為什麼要離婚。」

「你不必明白她為什麼會有想要離婚的念頭。」

他笑了。「對，我懂，但這還是沒有道理。」

「對她來說有道理的事情，並不需要對你來說也有道理。」

「我不想放棄。」

「或許現在還不是放棄的時候。」

「是的，我希望能解決。」

「我們能接受『你有這個想法，但她沒有』嗎？」

他的臉上閃過一絲悲傷，承認道：「我們最近和孩子們一起去旅行，一切都很好——」他停頓了一下，「就那一天。」他停頓了更長時間，微笑著。「後來有次我們吵架，她說：『你在生我的氣，是不是？』我說：『我瞧不起妳。』」

當他的否認出現裂痕後，他說：「你可能認為我在否認，但我不想放棄。」

如果我指出他的否認，就只會加強他的信念，無法讓他更近距離看到自己的否認。我決定放開他的否認，如果他在我身上看到自己的否認，也許就能更容易從自己身上發現真相。

「為什麼要放棄？也許下周、下個月或明年會是合適的時間。也許堅持下去很重要。」

他嘆了口氣，承認：「對，我的意思是，我們還有孩子，她還沒有想好下一步要怎麼走。」

「雖然你們有小孩、她還沒想好下一步，還要求你十一月要搬出去，但也許你現在不應該放棄。」

他臉上的笑容消失了，嘆了口氣。「她從幾年前就不再想和我有肌膚之親。她說我們可以在一起，但不能再發生性關係，但這對我來說真的很重要。」

「雖然她不想和你發生性關係，而且她想離婚，也許你應該堅持下去。」

「我們當年剛在一起的時候，她真的很甜蜜和體貼。」

「太可惜了！為什麼要離開那個關心又愛著你的甜美女孩呢？」這時他移開視線，臉變得通紅，淚水從臉頰上淌下來，從他的否認中滲出。

分離造成他的痛楚，而否認導致他受苦。他否認妻子所感覺到的感覺，因此對自己的婚姻造成破壞。他聆聽自己的希望、而非聆聽妻子的心聲，難怪她要求離婚——他已經與她的感覺和話語分離，與自己的否認結為連理。他與「否認」維持的親密關係，是否導致妻子與他的親密關係出現裂痕？他苦苦等待想離婚的妻子重新變回相愛的對象，但是這段等待的過程反而把真正的妻子強行逼走。為了懲罰她沒有成為他的夢想，他用內疚來霸凌她，好讓她成為自己想要的模樣。她之所以會離開他，是因為這位丈夫已經為了心中的那個幻想而離開了她。

在他否認妻子有著她想要的東西時，我本可與他爭論，但這樣一來，會變成我和他之間的衝突。當我將他的否認反映出來時，他則經歷了自己的否認與現實之間的衝突。因此，他的痛苦傾瀉而出。他拒絕面對，但妻子的離婚願望並沒有因為他不去看而消失。

唯一一個讓妻子重新考慮是否要與他離婚的方法是：男子停止與她的感情和言語脫離。如果他是聆聽自己的否認、而非聆聽妻子，妻子就沒有理由要聆聽他。他可以透過與妻子連結來結束自己的痛苦，而不是等待妻子變成另一個人。他沒有意識到他與理想嬌妻的連結，只是一種想像的關係。

他為了逃避自己的感情而否認現實。代價是什麼？無視妻子離婚的願望並無法阻止她與自己離婚。

逃跑：地理療法

我們很少逃避與自我無關的問題；我們只會逃避自己內心的感受。只要沒有意識到所害怕的是來自內心，就會錯誤地害怕外在。「試圖逃避自己的問題」可說是一種地理療法，但我們是無法擺脫生活的。無論走到哪裡，陰影都會亦步亦趨——也就是我們的感覺。我們從內心逃離的一切，最終總是會意圖尋求愛，然而我們仍選擇逃走，拒絕坐下來、好好面對、讓感覺轉化自我。

雖然我們稱心理治療為「談話治療」，但同時也能用言語來甩開需要面對的那些感受[2]。有名年輕女性找我諮商，會用百米的速度帶過自己的感受。我打斷她，問她是否發現自己說話的速度有多快。

「我都這樣說話。」她說。

「妳在快速帶過焦慮和感覺。如果我們觀察語言的弦外之音，妳內心有什麼感覺？」

「但我有很多話想說。」

「當然，那我們可以往深處探究、注意妳的感受嗎？」

她的臉上充滿悲傷，說：「我覺得緊張。」

「是哪種深藏的感覺讓妳覺得緊張呢？」

她開始啜泣。

當我們停止用語言帶過感覺的行為，感覺就會浮出水面，好讓我們有機會接納。我們以為自己距離需要療癒的東西很遠，但其實一直都擁有自己最需要的體驗：當下的、我們不想要的、我們逃避的。

當我們急切尋求完整時反而會遺忘。樹不會急著長大，我們也不會為逼迫花苞提前綻放而摘下它。**一朵花絕不會要求與眾不同或超前生長，它會承受生命的內在壓力，將花瓣向外推開，化為花朵。**你是否曾把一朵你覺得特別漂亮的玫瑰插在花瓶裡，觀察它一整天、看著它凋零的過程？玫瑰會改變，但永遠不會失去它的美麗，即使是在最後一片花瓣掉落到桌面的那一刻。

我們遠比花朵更複雜。感受會揭露真實自我，如果我們遠離自己的感受，就會從內心深處與自己斷絕關係。我們會感到若有所失，即便那很難以名狀。如果我們決定與自己不舒適的感受相處，就能發現藏在文字、理由和辯解下方的自我。我們能否在綻放的同時，接受自己的不知道以及對於知道的渴望？

如果我們對另一個人坦承，會發生什麼事呢？我們不會知道自己將如何綻放、一段人際關係將如何形塑、人生將如何展開。我們能忍受不去知道自己將會變成什麼模樣嗎？

為了要療癒，我們必須接受揭露那個不曾遇見的自己時所出現的恐懼，以及變成其他可能樣貌的恐懼。我們尋求心理諮商師以坦承、改變，找出潛藏在他人灌輸想法之下的自己——那是我們曾相信的想法，我們在不自知的狀態下就將之轉變為自身一部分的想法。不僅心理諮商是未知的，我們自己就是從未被探索過的未知領域，是無人曾觸碰的潛藏事物。

我們要如何論斷成癮一事？我們對「不去承擔自我感受或成為真實自我」成癮。我們沉迷於想像的自我、想像的他人和想像的心理狀態，這些才是真正的毒品。

幸運的是，為了讓我們成長，生命會出現並介入。它永遠忠誠，每天都會出現好吸引我們的注意和接納，並引發感情以及我們對現實的抗拒。現實邀請我們與外在世界重聚。

心理治療師也會發出類似的邀請：「你願意面對並接納真實的自我，讓自己可以被療癒嗎？」

「我不想成為真實的自己。我沉迷於自己想成為的假象。」

「對此成癮沒有關係，接受自己成癮的狀態就是邁向你所尋求的完整性的下一步。你現在的模樣就是我們必須接納的樣子。」

「我希望我能擺脫自己的成癮。」

「不，你是希望自己能把外在生活和內在生活分開，但它們和你是永融為一體的。」

生活和治療中的普遍謊言

為了抗拒我們的內在和外在生活，我們必須說謊，但是這個謊言對我們來說是特別的、普遍的，甚至是難以察覺的；它是一種防禦。正如精神分析師唐納德．梅爾澤（Donald Meltzer）所言，防禦正是這些我們為了避免痛苦而告訴自己的謊言[3]。

一位被外遇丈夫背叛的女子說：「他不應該那樣做！」（謊言：現實不應該是現實。）一位小時候被父親生理虐待的男子說：「我很高興父親打了我，那是我應得的。」（謊言：我假裝只有我的愛存在，對父親的憤怒不存在。）一名丈夫已經離開的女子說他會回來。（謊言：如果我不說出事實，事實就會不存在。）

試想一名女子在人際關係中疏離自己，保持孤獨、孤立和沮喪的狀態。我問：「對於丈夫的外遇，妳有什麼感覺？」她回答：「我覺得自己空了。」

她在不知不覺中對自己和我說謊。我能與一個空空如也的女子連結嗎？還是，我該點出她將自己隱藏在空洞幻象之下？我相信她的謊言嗎？因為受夠了痛苦，我們都在充滿情感的時候，假裝什麼都不存在。沒有人能因為對方隱藏自己的感受而批判對方。

她將自己清空，邀請我跟處於空洞狀態中的她建立一段虛無的連結。無論是身為朋友還是治療師，我們都必須接受一個事實才能加以回應，那就是「她說了謊」。她是有情感的，我們一直都有，只是她隱藏起情感，為什麼？

我們在孩提時期會隱藏自己的內心生活，才能依附無法共同分享真相的父母[4]。當我們分享一種感受時，就是在分享自己此刻所經歷的真相。如果父母在我們表達感受時變得生氣或焦慮，我們就會學習隱藏自己的感受，讓他們不再那麼焦慮，以維持我們彼此的關係。這位女子學會假裝自己的情感消失了，如同母語一般毫無破綻地掌握了這種隱瞞的語言。問題是，我們的感覺不會因為加以隱藏而消失。

這位女子過去的親密關係為她帶來了痛苦。在母親疏遠她之後，女子就疏遠了自己的感情和自我。然而，她的問題（也就是疏遠）同時是她給我們的禮物：她在當下呈現出過去別人是如何傷害她。如此一來，付出愛的阻礙就揭露了需要治癒的傷口。

她希望我能接受她在兒時不得不接受、與自己的虛無連結。但如果我接受她的「空洞」，我們就會有一段虛無的連結。我沒有接受她所提供、會繼續傷害她的連結，而是給予了一種可以療癒的連結。

當她說她感到空虛時，我回答：「妳說妳感到空洞、並邀請我與一個空洞的女子建立連結，那麼我們就會有一段虛無的連結。妳在我們彼此之間築起一道空洞的高牆。妳對我產生了什麼樣的感受，促使妳創造出這個阻礙？」

「我不確定我想不想和你合作。」

如果我說實話，她就會威脅要離開，就像她母親威脅她一樣。在聽到她的威脅後，我說：「聽起來我的話對妳產生了一些反應。妳對我產生了什麼樣的感受？」

如果他人在我們誠實以對時威脅我們，我們可能會贊同對方的謊言，以避免衝突。但是，若接受一個人的謊言，我們就會與真相產生衝突，而衝突應該是要發生在謊言與真相之間。如果我們接受這個人的謊言，代表我們放棄了這個人。

當我問她有什麼感受時，她說：「我覺得我沒有什麼感受。我的意思是，我可以拋出一些什麼，但那不是真的。」

「好。妳邀請我與一個想像中的人建立一段虛假的連結，這是妳在我們之間設下的阻礙。妳對我產生的什麼感覺讓妳以一個虛假的樣貌打造了這道牆？」

在心理治療中，我們常會發現大家在孩提時被告知：「說謊，然後我就會愛你；說實話，我就會離開你。」即便不是逐字說出，這個概念時常是以行動表現。為了回應，孩子可能會犧牲他們的正直、誠實、甚至是理智，以得到賴以生存的親情之愛。我們當中有許多人仍繼續過著體現這種充滿破壞力訊息的生活。

無論是身為心理治療師或是朋友，我們都應該傳達這樣的訊息：「因為我在乎你，所以我會說實話；如果你對我有不好的感受，我不會將這種感受轉嫁回去給你。當你指責我傷害你時，其實是你的謊言傷害你自己。真理是靈魂的食物，它永遠不會傷害你，但隱藏你真實樣貌的虛假正在毒害你的靈魂。[5]」

所有人都會說謊。在我們邀請一個人靠近的那一刻，那個亙古不變的問題就會再度出現：「我可以告訴你別人無法承擔的事情嗎？還是我必須隱藏我的感受？」在過去，我們不得不活在謊言中。心理治療師邀請我們釋放謊言，才能一起活在真實中。

是沉迷於愛，還是沉迷於否認？

我們試圖逃避自己的感受，但永遠無法逃避自己的樣貌，也無法逃避此刻正在發生的事情，除非是透過幻想。然而，在面對逝去的過往戀情時，幻想的愛情可能會有致命吸引力。

一名男子尋求心理治療，希望能幫助自己放下前女友。「我知道執著於她會傷害自己，但我無法停止等待。我不想和任何她可能會回頭的機會說再見。」他頓了頓、想了想：「也許我對她上癮了。」

沒錯，他是上癮了，但對象不是她，而是「否認」。他本可將事實與「她已經離開」做連結；但相反地，他與自己的幻想互動：「她會回頭的。」為了逃避分手的感覺，他否認已經發生的事實，並試圖活在自己的願望中。

他上癮的對象不是前女友，她已經消失了；他只是沉迷於自己的幻想：一名想像中的女人——她會想要把說出的話回收，並重新和本已拋棄的前男友過起幸福快樂的生活。

「我想要她回到我身邊。」他說。

「你希望已經離開的女孩回來。誰不想將一名拒絕自己的前女友重新變成情人？為什麼要放手？」

「我知道這樣執著下去很不好。」

為了幫助他看到自己的不合邏輯，我重新演繹一次，以便讓他可以在自己之外看到、聽到：「如果你執著在一個拒絕你的人身上，她或許會變成願意接受你。這件事有哪裡負面呢？」

「我其實不想等她，但我無法克制自己。」

「你無法克制自己想要得到那個腦海中的形象，而不是那位拒絕你的女朋友。『在她拒絕你的時候，你仍愛著她』是很重要的事。我們能接受這一點嗎？」

「我不想斷絕任何她可能會回頭的機會。」

「你是不想斷絕『她或許能夠變成另一個人』的機會。」

「美好的回憶很傷人。」

「不是的，回憶是在提醒你，你在等待的是那位已經離開的女子。等待已經逝去的東西會傷害你自己。」

當她拒絕他時，他拒絕承認事實、等著她反悔。想等待宇宙完全依照我們的方式行事，大概要等成千上萬輩子才會發生一次。他像是等待搭便車的旅人伸出大拇指站在路邊，卻忽視生活就這麼從他身邊經過，因為他等待的是一個永遠不會出現的幻想。「現實是痛苦的，但否認是危險的。」[6]如果我們一直等待著自己想要的生活，就會失去所擁有的生活。透過面對失去的現實，我們就能為已逝去的默哀，並擁抱剩下所擁有的。

在慾望的陣痛中，我們會假設事實有機會能與此刻的發展不同。這名男子不是沉迷於愛情，而是沉迷於一位不存在的女友——這位女友可以重新來過、讓時間倒流、再次開始充滿愛的幸福生活。否認就是他萬中選一的毒藥。

最深的絕望

雖然否認是萬中選一的毒藥，但那是沒有效的。無論如何否認正在發生的事情，它仍然會發生。為什麼？因為否認是一種想法，而想法能認清事實嗎？一個想法能代替真實存在於此時此地的事物嗎？一個想法能讓一個事實消失嗎？有時這好像真的值得一試，例如下述一位受到丈夫利用的妻子的案例。

這名女子因為丈夫不再支付家用、也不再配戴婚戒而感到憤怒。她告訴我，她打算第一千次向他提起這筆錢，但覺得絕望。

「這是合理的。妳同意再次提起這筆錢的結果依然讓人絕望嗎？」

「我不敢相信他敢不交他該付的費用。」

「沒關係。妳不必相信它的存在。」

「我不懂你的意思。」

「妳沒有理解現狀。」

「我一直希望他會改變。」

「妳一直希望妳丈夫的現狀會改變。」

「難道他不該為他的孩子付出嗎？」

「難道他的言行不該如同妳所希望的那樣嗎？」

「若是真的那就太棒了。」

「是的，若是真的那就太棒了。我們可以希望這是真的，但事實並非如此。我們可以對不再存在的事物感到憤怒，或者選擇另一條路徑。放棄這條路並不代表你放棄自己或人生，只是代表選擇另一條路。」

「我懂了。我必須面對現實。」

希望現實會變得不真實並非希望，而是否認。生活會迎擊我們的想像，揭穿「否認事實」是徒勞無功的。這名女子不是無藥可救，她的丈夫也並非如此，但她的幻想確實如此。我們不需要放棄一個人或自己，而是要放棄一個無望的幻想，這樣痛苦就會停止。她需要停止等待丈夫變成她的幻想樣貌，才能從痛苦中解脫。

我們會憤怒，希望生活會變成我們希望的樣子，但得到的只有滿口苦澀，而生活依然如故。一旦我們承認自己的願望只是一種幻想，就會陷入最深的絕望：我們認知到等待「真實」變為「不真實」是無望的。

當我們放下對幻想的虛幻奉獻時，就會對人生的真實奉獻敞開心扉。正如哲學家恩斯特・布洛赫（Ernst Bloch）所指出的：當我們伸出手去探尋已經向我們迎來的事物時，就會產生真正的希望[7]。一旦觸碰到真實，就會對可能的事物感覺到希望，在那一刻，我們似乎就開展了。然而，希望不會讓我們開展，而是揭露我們幻想之外的生活，那是我們已經遺忘的內在闊土。

心理治療師會幫助我們看清那些讓我們盲目地陷入絕望的謊言，這樣我們才能看到真實的事物，進而追尋它、重拾希望。在我們離開否認之路的那一刻，通往各種可能的道路就敞開了。我們必須放棄對於無望幻想的希望，才能在真實的事物重新獲得現實的希望。

我受不了了！

與其接納現實、讓幻想消散，我們寧願請求生活等待、直到自己能夠「處理」它。舉例來說，我們會宣稱「這太過分了」、「我還沒有準備好」或「事情不應該發生」。

一位憤怒的商人說：「我受不了了！她明明知道自己在做什麼，而且那是錯的！」他忽視妻子和她的抱怨，結果她有了外遇。

我們說自己受不了，但其實卻可以忍受。「我受不了」的意思是「我不想這樣做」，誰會想呢？

生活似乎總與我們作對。然而，既然我們與生活實為一體，就不能將自己與它分開。生活包括「我們」；真正「反抗生活」的是我們相信生活應該和自己的幻想相同。

由於生活中的一切不會按照我們的想法發生，我們往往因此失去信念。或許這看起來超出我們的負荷，但其實並非如此。生活對我們的信念而言難以承擔，可說是每天都在粉碎它們（這是在我們比較幸運的狀態下）。

當信念破碎時，我們誤以為自己也分崩離析，但真正消失於無形的是我們的幻想，那個偽裝成我們的本質。

還有什麼對象會比「辜負我們期待的孩子」更能粉碎我們的幻想？有位母親無法保護自己兒子免於父親的施虐傷害，兒子成年後勒索母親必須提供經濟支援，宣稱他的問題都是母親的錯。他不停威嚇母親，直到她崩潰並吐出更多現金。當我向這位母親展示兒子是如何勒索她、她試圖透過什麼方式來獲得兒子的寬恕、以及她試圖「購買和平」的行為是如何帶來更多戰爭時，她說：「你說的這些讓我難受得快死了。」

「不，這是在讓妳的幻想消失。」

她點點頭，抿唇，淚流滿面。「但我不希望這段關係受到傷害。」

「妳怎麼能傷害早已不存在的東西？」

與她有連結的，是她內心希望擁有的假想兒子，而不是真正的兒子；然而，她又希望兒子與她真實的自己有連結，而不是他內心所投射的那個母親形象——兒子認為母親是一個邪惡的人，應該永遠受苦、至死方休。她害怕自己想要的良好關係會受到傷害，但這段關係並不存在，而且已經空窗了幾十年。他看到的是一個幻覺，而不是母親；她看到的也是一個幻覺，而不是兒子，因為她渴望一個可愛的兒子，那個早已消失了的兒子。

當我們拋棄幻想時，就能活出我們害怕的真相。當這名女子放棄等待內心想要的兒子時，就不會再試圖以金錢購買他的愛，而是愛她「真正的」兒子。勒索到此結束。

在埋葬死去的希望之前，我們可能會做出最後的掙扎：「為什麼會這樣？」說得更直白就是：「為什麼現實會發生在我身上？」但生活會向你低語：「為什麼不會呢？我也會在其他人身上發生，這並不是針對你個人。」以我自己為例，我曾經說過：「我絕不會生病。」結果被診斷出患有癌症，我以往認定為事實的幻想掉進了心靈垃圾桶。我沒有崩潰，但我的思緒崩潰了——有腫瘤在我身體裡長大並不需要符合我的想法。

面對這類情況，我們往往會說：「我不懂為什麼會這樣。」沒關係，無論發生什麼事情，這都不需要我們的理解。不管我們理解與否，它都存在。只是我們多半不願認清事實，而是試圖與宇宙討價還價，希望生活會說：「你不懂嗎？沒關係，在你認清之前，我不會出現。」

另一種我們與現實抗爭的方式，是拒絕理解配偶，並要求他們自己解釋到我們理解為止。一位妻子生氣地問丈夫：「你為什麼花這麼多時間玩線上西洋棋？」

「我樂在其中。」

「玩這個沒有意義，你在浪費時間，沒有生產力。」

「聽著，我已經完成我分內的家事，又有空閒時間，我就喜歡下棋消遣。我怎樣才能讓妳不要再嘮叨？」

「你必須說服我為什麼這是個好主意。」

說服妻子為什麼丈夫喜歡她不喜歡的事情，並不是他的責任。這位妻子企圖用不願理解丈夫來霸凌他，希望他最終會說：「妳無法理解我嗎？好吧，我不會再做我自己，直到妳明白為什麼我有權不當『妳』。」

她傳遞給他的訊息是：「我要如何才能操控你去做我想要你做的事情？如果我能主宰你，我的問題就解決了。」這種策略總是會失敗，因為分歧是永無止境的。**我們希望擁有一個人的全部，但又要撇除那些我們不喜歡的部分，可是，就是那些部分的存在才會讓一個人完整。**

我們的伴侶永遠不會退縮以配合我們的認知，也不會擴大以符合我們的幻想。為什麼？現實就是一切，包括我們的幻想，而幻想本是用來摒除真相的。我們沒有意識到自己想要改變一個會持續存在的事實，例如「丈夫喜歡下西洋棋」；我們投注在幻想中，逃避面對真實存在的事物。

有名女子與拒絕找工作的米蟲丈夫吵架。她已經為此責備他多年，甚至還暗地自豪是在為女兒們的權益「奮戰到底」，但是，她的鬥爭成就了什麼？她向女兒們展示的是守在一個怠惰伴侶的身邊、苦等對方改變、再抱怨對方沒有改變，並對自己選擇受苦而洋洋得意，這是一種自虐的英雄主義。

有時我們要求旁人和生活按照想要的方式改變，而他們也改變了，只是是以他們自己的方式改變。當他們不以我們想要的方式改變時，我們的幻想就會消散、抑或是更為執著地緊抓不放。因為一旦幻覺消散，我們就會感到痛苦。

在我們承受夢想逝去的同時，其實也不必堅強，只需要留在原地面對，不要在真相將虛幻燃燒殆盡時逃跑[8]。希望、思緒和想法是撲向生命之火的眾多飛蛾。

我們希望能掌控現狀，但這就像一股試圖推動生命之河的水流，當波浪在岸邊消退之時，大河仍在此處。我們試圖拒絕現狀，但它無法拒絕我們。它總是會接納我們，縱使我們可能掙扎，它仍會繼續嘗試這麼做。那麼，我們是否能接受現實的擁抱並回應呢？

抵抗＝受苦

當我們擁抱生活時，就無法避免痛苦。這是不可逃避的。在死亡之前或死亡那一刻，我們將失去所擁有的一切、以及我們所愛的每個人。相較之下，苦難是可被選擇的。在經歷心碎時，我們可能會透過防禦、告訴自己的謊言，以逃避生活帶來的痛苦，但是我們的防禦（用來逃避現實的方式）會導致更多的痛苦。我們拒絕正在發生的事情和源自於此的感覺：「我沒有生氣，只是失望。」「我簡直不敢相信！」「她不可能是那個意思。」然而，生命就這樣持續轉動。

還記得前面提過，那名因丈夫離開而產生幻覺的女子嗎？面對他的背叛和背叛所造成的痛苦還算是比較容易的部分。在後續的諮商療程中，我們發現她縱使多年來一直在抱怨丈夫對待她的方式，卻仍在等待丈夫變成另一個人。

困難的部分是如何面對她多年來拒絕接受丈夫的真實面貌，並責怪他為什麼不是自己希望的樣子。她並不是嫁給他，而是嫁給了她「希望丈夫成為的形象」，即使早在幾年前就離婚了，她依然沒有意識到這一點。等待丈夫變成另一個人，她以此剝削自己、懲罰自己，還稱之為忠誠。她從來沒有意識到，**對幻想忠誠其實就是對自己的背叛**。

她起初以為是丈夫對她很殘忍，最終，意識到她對丈夫和自己都很殘忍。她的任務是接受這項事實：丈夫離開了她，而她拋棄了丈夫、自己和自己的感受。

每當扮演受害者很容易的時候，要為我們自己一手打造的生活承擔責任就會很難。「都是他們打造我現在的生活！」受害者的誘惑之歌聽起來如此甜美、純潔和正義，因為它把我們從生命的河流中引誘出來，讓我們退到一個「別人都很壞，我很好」、一切都黑白分明的陰曹地府。我們迷失在幻想中，忘記自己是誰，沉浸在那些幻想現形的空間裡。

受害者情結會帶來令人安心的確定性，因為我們自以為知道他人做了什麼、為什麼這樣做、以及他們應該做什麼。所有這些看似簡單、真實、顯而易見的「理解」，都只是我們的假設，僅在腦袋裡編造的世界裡才會是真實的。事實上，我們從未澈底探查過另一個人的內心深處。因為我們對他人的理解總是不完整且片面，所以我們的「理解」一向都是謊言。

而「應該」一詞是我們對宇宙的指令。我們告訴別人，他們「應該」如何按照我們的方式進行，但宇宙從不在乎；它自有主張，而不是順應我們。生活不斷與我們的「應該」衝撞：那是我們對生活應有樣貌的幻想。

當我們期待自己所想要的（而非真實生活），就會覺得自己是生活的受害者，不知道痛苦是自己製造出來的。一名沮喪的女子對丈夫很生氣，說他麻木不仁、粗心大意，而且很殘忍。我請她舉例說明，她淚流滿面，描述了丈夫在魚水之歡時將拳頭伸入她的肛門，造成極度痛楚。我嚇壞了，但在我仔細詢問事發經過時又被嚇了一次：在他們做愛時，她的丈夫詢問可否將拳頭插入她的肛門，而她同意了。

她說：「他把拳頭插進我的肛門裡，那很痛。」

「他把拳頭放在妳的肛門裡，這是真的嗎？」

「是的。就像我跟你說的那樣。」

「我可以提供妳一個不同的角度嗎？」

「請說。」

「他問妳能不能把拳頭放入妳的肛門裡，對吧？」

「對。」

「妳可以說不，但妳答應了。」

「他並不希望我拒絕。」

「對，但妳其實拒絕了自己。」

「噢。」

「妳告訴他他可以把拳頭放入妳的肛門裡；實際上，可以說是妳把他的拳頭放進自己的肛門裡，因為妳告訴他可以，妳給予他選擇的權力。妳拒絕了自己的真實想法，卻又責怪他的選擇。妳明白我的意思嗎？」

「我沒這麼想過。」

「我們這樣想好了，當他要求把拳頭放入妳的肛門時，妳對他有什麼感覺？」

「我不喜歡這個提議。」

「妳對他的感覺呢？」

「我生氣了。」

「妳對他生氣，然後透過讓他傷害妳來處理對自己的憤怒。」

「我忘了我在對他生氣。」

「對。妳對他生氣、忘記了妳的憤怒、透過讓他傷害妳以將憤怒轉移到自己身上，就好像妳邀請他來懲罰妳對他生氣這件事。」

「後來我讓他批評我做的晚餐。」

「是的。妳讓他再次懲罰妳對他生氣。有沒有可能對妳殘忍的人，其實是妳自己？」

她一直堅信丈夫很殘忍，他應該更敏感、應該更體貼。但是透過讓丈夫來傷害自己，其實是對自己殘忍、麻木、輕率。在這種受害者的姿態下，她等同於要求丈夫在她拒絕愛自己時仍舊愛她。這個策略注定會失敗，因為他的愛永遠無法抹去她對自己的恨。

隨著我們想像中的受害者身分崩潰，就會看到自己如何讓自己成為受害者，悲傷會隨之蔓延，揭露我們真實的樣貌。

然而，我們可能會錯誤地選擇放棄生活，而不是放棄自己的幻想。有名處於虐待關係中的女子問：

「我應該放棄我的丈夫嗎？」

「不，但妳可能會想放棄自我懲罰。」

「我應該改變嗎？」

「這個問題不是妳是否應該改變，而是妳想不想改變。」

「應該」是一種隱藏的暴力、內心的指示，去做我們不想做的事情，感受我們沒有感受的事情，成為不是自己的樣子。我們現在最好的作法可能就是接受「想要拒絕現實」、「多堅持幻想一點」的事實。

我們可以透過要求配偶變成我們最愛的幻想來堅持幻想。一位梅開二度的女子抱怨丈夫看太多電視、購買ＤＶＤ和花時間做慈善工作的習慣。她承認他是個好丈夫，但一直試圖說服丈夫他的愛好是錯的。這些爭吵不斷白熱化，直到丈夫威脅要離婚，而這又是他另一件「不應該」做的事。

「我要怎麼做才能讓他相信把所有時間都花在周末看足球上是錯

的？」她問。

「他既然喜歡看足球，為什麼他不應該喜歡他的喜好？」

「你看足球嗎？」

「不看。只是他既然喜歡足球，為什麼他不應該喜歡看足球呢？」

「因為這是浪費時間。」

「這是誰說的呢？」

「我。」

「好。既然這對妳來說是浪費時間，妳當然就不應該看足球；既然這對他來說是一種樂趣，他就應該這樣做。」

「可是我受不了啊！」

「也許他是對的。如果妳不能忍受他現在的樣子，就應該讓他離開，這樣他才能找到一個愛他當前樣貌的女子。」

「我放棄！」

「這就說得通了。妳可以選擇放棄心中『丈夫想要的與自己想要的相同』的願望，也可以選擇放棄你的丈夫。妳無法脫離離婚一途。妳若不放棄自己千篇一律的幻想，他就會跟妳離婚，因為我敢打賭，仍會有另一名女子愛著他，不去管他整個星期天都在看足球這件事。」

她想控制自己的丈夫，讓他符合自己腦海中的某個形象。但我們永遠無法控制現實，它永遠不會與腦海中的形象相符。當我們發誓放棄幻想時，就會與現實融合。在那之前，因抵抗所造成的痛苦會對我們耳語：「你迷失在自己的幻想中；快回家吧。」

公然坦承

我們往往試圖擺脫痛苦的真相，而非回頭面對。在多年前的一場晚宴中，有位朋友問她的丈夫、我和我妻子：「如果能擁有世界上的任何東西，你會想要什麼？」我們想了想後回答問題。輪到她時，她說：「既然我已經被分析過了，就沒必要開誠布公了吧。」

起初我對她的回應覺得困惑，後來才想通她想表達的內容。她並沒有照著自己開頭的遊戲規則走。我們揭露了自己的慾望，但她並沒有，然後我們得到一個令人不安的真相。她相信精神分析已經解決了她的精神官能症，取代她的舊性格；我們有慾望，而她不應該有。我很生氣，她因為渴望被淨化而設計了我們，讓我們因此煩惱，這非常無聊。

她幻想自己必須擺脫自己本來的樣貌，才能成為她想成為的樣子。某種程度上來說我們兩個其實同病相憐，她展現出來的也是我內心渴望心理治療可以達成的效果。但相反地，我們必須放棄我們希望成為的樣貌，以成為現在的自己。

儘管心理治療師有時將心理治療視為一種現代「技術」，但「心理學」一詞最初的意思是「對靈魂的研究」。為什麼她對靈魂的研究，竟轉變為對靈魂的蔑視？她沒了解到如果我們想被療癒，就必須擁抱內心的混亂，而不是根除它們。

如果有一個人承認他曾是小偷，我應該譴責他的制約、還是擁抱他和潛藏在背後的那個人？我可以允許一名小偷觸動並動搖我嗎？我會在內心找到偷竊的渴望嗎？要是他向我展現了那個我害怕面對的自我面向，該怎麼辦？

當我們熱愛自己內心深處時，療癒就會產生，無論深處是多麼混亂和病態。請記得這句玩笑話：什麼是心理治療？就是大動盪遇到小亂流。我們對生活的原生脆弱性永不會消失。我們的任務不是消除人性，而是擁抱人性，這通常是藉由擁抱他人的人性以達成。

當我拒絕你的人性時，我在自己內在會遭逢什麼？你的缺點就是映照我自己的一面鏡子，當我看著你時，我是否能接受你的「缺陷」、也就是我內心抗拒的東西？當我這麼做，你我就會發現兩人之間的分界線消失了一些。隨著每一次同意，我們就距離擁抱對方內心深處更近一點，這其實都是我們自己的內心深處。

零負面

我聽過一位演講者描述他的婚姻目標：零負面——一段完全沒有衝突的關係。這聽起來就像科幻小說會有的情節，雖然我也喜歡科幻小說，但事實是，衝突深植於我們的生活中。我們不論是在自己的內心，還是人與人之間都有著相互衝突的慾望。我們總是有不同的慾望，因為我不是你、你也不是我，這並不是問題，只不過是人人各有不同的成長經歷所致。

我曾告訴一位朋友：追尋零負面是一種想要躲回子宮的幻想。他糾正我，即使在子宮裡，我們也會發現負面的事，例如胎兒吸收母親所服用的藥物，或者母親在分娩時筋疲力竭。我們只是想尋求那種童話般不存在的「零衝突」親密形式罷了。

我是否希望每個人都同意我的看法？當然會。這種事會發生嗎？並不會。這是負面的嗎？就我的成長歷程來說，並不是。如果我走出自我、放棄我的其他形象（這也是我對他人的要求），我就會學會接受人們的本來面目。這是邁向愛情的第一步。

我們渴望一個世界和平、獅子和小羊相互依偎的理想世界，但是當生活出現在眼前時，我們常感到生氣，因為「我喜歡的那個樣貌沒有發生」。我們想要一個虛構的世界以逃避現實。我們渴望得到想要的另一半、合作團隊、有志一同的同事。「不要做你自己，請成為我想要你成為的那個人。」我們將「發生的事情」與「我們認為應該發生的事情」進行比較，並試圖逃進我們的願望裡。

我們對於零負面的需求，揭示了內心的負面心態——如果我不想衝突，我就不要你。你和我之間有空間嗎？我有沒有空間讓你說實話？如果宇宙都能接受正面和負面，我們為什麼不接受呢？

我出門散步，看到了太陽、月亮和星星，接著低頭一看，卻發現鞋子上有狗屎。在心理治療中，我們會審視自己並發現同樣廣闊的景象。人生來就是一團亂，但我們試圖抗拒現實中不符合自己所想的任何部分。當我們決定要接受什麼並排拒其他事物時，就是將自己的一部分判處死刑。我們試圖淨化自己，讓自己看起來像腦海中純淨的畫面。這不是對生活的愛，而是對生活的恨，當我們試圖超越人生，其實就是拒絕人生。

為了達到零負面，我們必須拒絕自己的負面部分。有位牧師向我吐露他的自我厭惡。我問：「根據你的神學，上帝是按照上帝的形象創造你的，對嗎？」他點了點頭。「從你的角度來看，上帝愛你嗎？」他點了點頭。「既然上帝按照祂的形象創造了你、愛你，那麼透過自己來成為他，難道沒有意義嗎？」他的眼裡充滿了淚水。

CHAPTER

3 拒絕擁抱

THE REFUSAL TO EMBRACE

看過我們對自己說謊的原因後，就能檢驗我們欺騙自己和歪曲現實的方式。我們常拒絕接受內在和外在生活的真相，而不是選擇捨棄謊言、面對謊言所隱藏的真相。這一章會探索我們是如何忽略不想看到的現實面——我們如何與其對立、重新定位或試圖改變。每一個謊言都會以各自有害的方式帶來痛苦，導致不同形式的盲點。

心理治療師不會與我們的防禦機制共謀，而是向我們呈現這樣的防禦是如何導致痛苦。然後，我們就可以接納自己的內在生活（感覺、思想和願望）與外在生活（現實）的真相。這從不是個輕鬆的工作，而且總是很痛苦，但當我們一同承擔時，它就變得可以忍受了。

「你一直在逼我！」

如果「抗拒接受外在生活」一事反應在「抗拒接受內在生活」，會是什麼情況？反對他人可能就是我們反對自己的一種方式，如果外部衝突反應了內在戰爭，情況又會如何？

他人可能會藉由與我們產生衝突，以避免與他自己發生衝突。舉例來說，曾有一名失業的男子走進我的辦公室，他靠在椅子上、把胳膊擱在扶手上，等我開始。「我注意到你正充滿期待地看著我。」我說。

「因為你可是心理治療師啊。我應該做什麼？」

「什麼都不用做。你想要為了讓自己更好做出什麼努力呢？」

「如果我知道答案就不會在這裡了。我沒了工作，也不想找工作。我老婆因為我只待在家裡玩電腦覺得非常沮喪。」

「我知道你的妻子很沮喪，但你希望我怎麼幫你呢。」

「我不知道。我再也不相信自己了。我之前有去其他心理治療，但沒有任何效果。我覺得我必須按照你說的去做，否則情況不可能轉好。」

「如果你按照我想要的去做，你就更習慣屈服他人、讓自己變得更悲慘。」

「這就是我的想法，非常正確！我不想來，但也會擔心你想叫我去做什麼事。」

「我不能叫你去做任何事情。我可以提問，你可以回答或不回答。聽起來你可能會在自己不想的時候，逼自己進行心理治療。」

「我必須強迫自己，因為這對我有好處。你們會說『除非你這樣那樣做，否則不會有進步』。」

「你不相信自己對心理治療的抗拒，並試著屈服於我。」

「我把你的邀請視做一種強迫。」

「我不能強迫你做你不想做的事；只有你可以逼迫自己。讓自己做你不想做的事，是否對你來說是一種重複的模式呢？」

「對，一直都是。」

「聆聽自己的『不』，對你來說是否很難呢？」

「我不相信自己說的任何話。」

「這不是真的，你相信自己屈服時的理由，但卻不相信自己的『不』。你對自己不信任，卻反而試著相信我。」

「對，這麼說沒錯。」

「你不聆聽自己的『不』，這很重要，因為對我說『不』可以是對你自己說『好』。然而你是對他人說『好』，對自己說『不』。」

「沒錯。」

「但心理治療只會要你透過『屈服』來改善狀況，反而讓你變得更糟糕！」

「這就是為什麼我跟老婆說我不想來做心理治療。」

「你不應該屈服於心理治療，因為那只是受到奴役，而非治療。」

「你這句話蠻有趣的。我在上一份工作中就是一個奴隸，而且從那時候開始，我就對一切說『不』。」

「我懷疑你不是對工作說『不』，而是對想像中工作所帶來的奴役說『不』。既然你當時屈服了，就不會知道要如何避免將工作變成奴役，就像現在這樣。」

「我沒這樣想過。」

「你願意讓我幫助你停止屈服、停止對你不想要的事情說『好』嗎？」

如果我們無法拒絕他人，就無法對自己點頭。我們臣服於他人，並將自己的選擇歸咎於他人，卻沒注意到我們拋棄了自己。為了要接納自己的想望，我們必須聆聽自己對他人的拒絕、對自己內心的肯定，特別是在我們不理解為何自己拒絕的時候。

心理蜜糖

個案和心理治療師都可能會拒絕接受事實。多年前，一位在華盛頓精神病學學院的傑出同事莫里斯．帕洛夫（Morris Parloff）有過敏問題，不過他過敏的對象不是花粉，而是錯置的同理心。假設有人描述在一次通話過程中，他不聽妻子的話、嘲笑她「荒謬」，使她怒掛電話，而此人竟因為妻子掛他電話而大發雷霆。很多心理治療師會說：「那對你來說一定很不好受。」莫里斯將這種反應稱為「心理糖漿」，是一種虛偽的同理心。

身為這個人的心理治療師或朋友，我們應該同情他，而不是同情那個會破壞他生活的行為。如果我們支持他與妻子離婚，就會與他的怪罪和否認牽連，幫助他破壞婚姻。他不會發現自己是如何拒絕並創造了那位掛斷電話的妻子。對防禦行為的虛偽同情會促使自我毀滅，而非真的同情那位正在破壞自己婚姻的男人。

如果我們認同他的受害者立場，他可能會認為我們有同理心，但實際上，這麼做是在延續他的痛苦。如果我們真的關心他，即使他會生氣也要誠實以對，這樣他才會明白我們是在支持他，而非任憑他自我破壞。

當我們誠實以告，他可能會回應：「你沒有在聽我說！」我們這時要說的是：「不，我在聽你的真實心聲，而不是你的謊言。當你忽視自己是如何抗拒和抱怨你太太時，就是在自欺欺人。只聽這些謊言，就無法聽到真正的你，最終我會放棄你。我知道這聽起來不好受，但正因為我知道你能面對它，否則不會對你說這些。」我們不與謊言交談，而是與隱藏在謊言之下的人對話。

說真話可以讓他從謊言中解脫，如果我們同情他的謊言，就會讓他深陷其中。有次我向一位生意人描述他如何破壞了自己的婚姻，他因此對我很生氣並宣稱：「你在攻擊我。」

「我不是在攻擊你，我是在描述你的行為。真的是我在攻擊你嗎？還是怪罪和忽視你妻子的行為，在攻擊你和你的婚姻？」

「我以為你在乎，但你沒有。」

「我該支持的究竟是你，還是那個破壞你人際關係的自毀習慣？當你在傷害自己時，你是想請我點出這件事，還是靜靜坐著、看著你破壞你的婚姻？」

他威脅說如果我不放過他，他就要終止諮商。「你再這樣說，我就要退出！」

「好的。如果你不想聽我說的話，我無法阻止你退出。如果我說的不是真的，你就應該離開；如果是真的，無論你離開與否，它都會是真相，因為真相一直在我們身邊，無法消失。我可以像其他人一樣對你撒謊，但這真的是你想要的關係嗎？為什麼要剝奪自己所渴望的治療？」

我們從內心深處尋求真誠，即便我們所求的是謊言。「心理糖漿」用虛偽的移情來掩蓋謊言，而心理治療則是要揭露謊言之下的真相。知識是靈魂的食物[1]；謊言是毒藥。無論是在療程中或在最親密的關係裡，不管我們在上面倒多少糖漿，謊言都無法治癒任何人。當他人告訴我們真相時，他們會提醒我們自己是誰、我們忘記了誰、以及我們想找到誰。

回歸被拒絕的自我

我們也會透過將自己生活的真相歸咎於他人，來逃避面對自己人生的真相。我們將自己的願望歸結到他人身上，等待他們按照這些願望採取行動，然後否認這些願望其實是我們自己的願望。舉個例子，曾有名男子用這句話開始他的諮商療程：「我不知道該做什麼。」

「好的。」我回答並等待。

他在椅子上坐立不安，脫口而出：「你覺得我應該做什麼？」

「我不知道。」

「但你一定有點想法吧。」

「我沒有。」

「為什麼沒有？」

「是你來找我的，對吧？」我問。

「對。」

「很明顯，你不會無緣無故來這裡的。」

「是的，但我不知道該做什麼。」

「所以，一位沒有心理問題的男子出現在心理治療師的諮商室裡。」他在椅子上扭動身體，嘆了口氣，承認：「好吧，我的妻子想離婚。我想你會認為我應該要關注這件事。」

「只有你自己知道是否應該關注離婚這件事。」

他重重地嘆了口氣，說道：「如果我不這樣做的話，她就會離開，而我不希望這件事情發生。」

在我們察覺到心中的願望後，才能在別人的心中看到這些。這個人與我無關。他與他自身的希望互動、把它重新安置在我身上，然後在治療期間反對或逃離「我的」希望。

只要他想藉由把自己的感受趕到我身上以逃避，就永遠無法感受、面對或看到自己的內心。因為他認為我想讓他進行治療，所以他看不到自己想探究什麼。他沒有面對自己內心的願望，而是檢視他在我身上想像的那種願望。

這個策略會奏效一段時間：其他人似乎擁有我們的感受和願望，但生活總是有各種事件發生，愛人離開我們、老闆批評我們的工作，或者孩子給了我們一句挖苦，我們抗拒的情感會報復性地重新湧入。為什麼？

我們抗拒的情感會暫時傳遞到其他人身上，但這只存在於我們的想像中。事實上，這些情感一直都在自己的內心。

我們可以將內心生活投射到其他人或物上。例如，有個人無論走到哪裡，都會看到藏在灌木叢和樹木中的眼睛注視著他，這些幻想的眼睛滿足了他希望剛出生就拋棄他的母親可以看見他、認識他的願望；沉重的渴望和傷心之情都集結到這些枝葉裡。

每當我們拒絕自己的感受時，便會透過投射將它們送走，要求它們在別人身上呈現。當有生活事件發生，或是接近投射的對象時，我們會感覺到那些自認為對方該有的感受，好像這些感受從他人身上搬回我們自己身上。

那位宣稱不知道該做什麼的男子很焦慮，他想知道我想從他那裡得到什麼，卻從未意識到他正在對自己的願望做出反應（那是他想像中存在於我身上的願望）。我的出現從他內心掀出了他自己不承認的願望。當我的存在觸發了他的感覺和願望時，他反而認為是「我」讓他感覺到這些缺失的部分，是「我」試圖讓他再次完整。

事實上，沒有人能把我們的情感還給我們，因為那些情感永遠不會離開；它們只是在我們的想像中「遠遊」。當我們停止幻想他人會有的感覺和願望之後，就能接受自己原來以為是外在的感覺——但這些實際上是在我們內心的感受。

人生會觸發我們所否認的感受，而焦慮就是它的使者。焦慮是那些敲擊我們心門感受的聲音，有如一名悲傷的孩子、憤怒的孩子，或絕望的孩子詢問著：「我可以進來嗎？你會愛我嗎？」

可惜的是，我們拒絕內在的情感，並將它們轉移給另一個人，這個人也許是另一半、孩子、朋友或老闆，無論如何，我們都想要找到一個憤怒、局限、自私或挑剔的對象，因為不想承認自己內在的這些特質。將自身的情感放逐到他人身上後，我們會與他們保持距離，進行分析、判斷，甚至是懲罰。

我們要如何判斷出哪些特質是自己否認、並歸咎到他人身上的？**我們對人的判斷、抱怨和慣性信念是一面可以觀察自己的鏡子**。那些我們評判別人身上的特質，往往就是自己抗拒的；我們抱怨別人傷害了我們，以逃避面對自己是如何傷害自己。我們忽略那些在別人身上所關注、但存在於自身中的事物。

那麼，要是我們結婚了，是否就可以把問題歸咎於配偶呢？有位已婚男子邀請我和他缺席的妻子進行一場堪稱通靈感應的療程。

他說：「我的妻子在親密關係方面有問題。」

「你有沒有注意到，你是請我去解決『她』的問題，而非你的問題？」

「她是有問題的那個人。」

「或許是，但你有注意到你是請我關注她，而不是關注你嗎？」

「有。」

「當你要我注意她，就是要我忽略你。」

「哦，我不是故意要這樣。」

「這很重要。當你要我忽略你時，我們之間的親密關係就有問題了。」

審視我們的抱怨讓我們有機會看到責任所在：都是在自己身上。然而，我們沒有承認自己的所作所為、研究自己的抱怨以發現自己的內在生活，而是將問題投射到他人身上，然後再透過想像他人的內心、忽略了自己內心。

心理治療師幫助我們讓這些被驅逐的感受回家，或者更準確地說，幫助我們面對那些從未離開的感覺，因為它們一直存在於此。那些我們認為「不屬於我們」的投射一直是屬於自己的。我們拒絕自己的感受、願望和衝動，並想像自己可以將它們送走、住在其他人身上。如果我們的感受、願望和衝動從來都不是不好的，會是如何？情感會向我們提供所需的訊息。

我們透過拒絕自己的感受拒絕自己，將這些感受投射到其他人身上，他們生氣了、他們是自私的、他們充滿批判性。我們遠離他們或試圖控制他們，從來沒有意識到我們正在試圖控制自己假裝存在於他人身上的情緒。

我們在他人身上看到的破壞性就存在於自身。它們不需要被修復，我們應該愛它們、而不是試圖修復；這樣也會修復我們的內心。

我們的配偶、他人以及人生會觸發我們試圖避免的感受。我們否認那些感覺和衝動，並把它們送走；但無論我們把感受扔到多遠的地方，它們都會不斷地回來。每當我們說「他讓我覺得……」時，意思是「他讓我想起了我試圖擺脫的東西」。

窗外有樹枝、藍天、鮮花和雲朵，宇宙接納一切。同樣地，人類的一切思想、感受和衝動都存於內在。我們嘗試透過想像力將內在的東西發送到外在，然後感覺到一種渴望，一種對我們所拒絕接受的東西的渴望：那個被自己遺棄的部分。

我們能否向其他人敞開心扉，全數且完整接受被我們拒絕的感受，讓這些感受回家，回到它們其實一直存在的地方？當我們這樣做時，我們會體驗到自己所處的空間，這裡承載著我們的內在生命。

無能為力時，我能做什麼？

有誰比家人更適合投放我們的情感？還有誰更適合我們提出不可能的要求？既然我們在家庭中有如此多事件，哪需要選擇其他地方挑起紛爭？通常，「家庭」的衝突就是與現實的衝突。

舉例來說，有位先前提及的女士與她五十歲的兒子發生衝突。早年父親對兒子施加性侵害，母親在發現後立即尋求幫助，為兒子和其他家人安排心理治療。可惜的是，兒子並沒有從治療受益，反而發展出一項信念，認為是母親毀了他的生活，而且應該無條件在經濟上支持自己。這樣的信念讓兒子霸凌母親長達三十年。「我受苦是妳的錯，如果妳不支持我，我就會自殺。」他如此說道。母親對這股威脅非常無助，因為她不僅對兒子受虐一事感到內疚，也對在年少時自殺的妹妹感到內疚。

「他說，如果我不付錢，他就會向有關單位舉報我，我就會失去法律權力。」

「這是不可行的。」我說：「他威脅你，好像妳應該永遠付出代價。」她哭著說：「當年是我辜負了他。」我同意：「對，妳在他童年時讓他失望過一段時間，但後來妳就盡了自己所能彌補，不是嗎？」她講述了自己如何安排治療、向他承認自己的錯誤、安排特別輔導、讓他讀大學，直到他退學。「他說父親的虐待毀了他的生活，而這是我的錯。」

「妳前夫的施虐行為傷害了妳的兒子，你們兩人處理事情的方式造成了問題，那的確是妳的責任。但在過去的三十年裡，他自己犯錯、創造自己的不幸，破壞了自己抱負、事業和婚姻。這不是妳做的，是他做的。妳要為妳在他二十歲之前製造的混亂負責，但他要為自己過去三十年和當前所製造的混亂負責。」

「我以為如果幫孫子們支付私校的學費，就能幫到他們，但是他讓小孩蹺課、不做作業、整天看電視。」

「妳以為妳可以用錢買到他們的未來，但他把他們的未來和妳的錢扔進了垃圾桶。」

「我覺得我必須為自己辯解。」

「不。妳只是試圖為自我形象辯解。妳喜歡這個完美母親的形象，並給兒子金錢，希望他能恢復這個形象。但這個願望是潛在的吸血鬼，一點一滴奪走你的生命。一旦妳放棄了這個形象，還有什麼需要辯解的？妳在他小時候辜負過他一次，好，沒有必要為此辯解，這是事實。但是他必須過自己的人生，妳無法為他多做什麼，這也是事實。妳過去的行為讓他現在的生活更困難。」

「他說我試著用金錢買他的原諒。」

「在三十年花了二十萬美元後，一切不言而喻。妳希望妳的付出能買下他的原諒，但這些付出並沒有這種效果，他發現『拒絕原諒妳』所得到的好處非常可觀。」

她大笑，停頓了一下，然後說：「我試著告訴他，他正在毀掉自己的孩子，但他聽不進去。他要麼在電話裡對我大吼大叫，要麼就是掛電話。我知道他會再打電話給我，因為他需要錢。他必須對現實。」

「不，他沒有，他已經三十年沒有面對現實：每一份工作都被解雇、毀掉每段感情。他失業、拒絕找工作、聲稱妳應該支持他習慣的生活方式。看起來妳被認定是該正視現實的人。」

「說得沒錯。」

「我能理解妳希望他先面對事實，但這讓妳被禁錮在他的瘋狂裡。」

「我不能再等了。我承擔不起，但萬一他生我的氣呢？」

「他不會生妳的氣，而是被生活中的事實激怒。一旦妳不再把錢放在他和事實之間，他就會對現實感到憤怒，這是參與和面對現實的第一步。」

我們所愛的人可能會做出糟糕的選擇，但我們無法每次都成功阻止。我們沒有承受內心的哀傷，而是試圖改變它們，好讓痛苦消失。當我們試圖透過與他們分享看法來改變他們時，最壞的情況是他們會被我們激怒，最好的情況則是會引起困惑。當我們試圖撲滅自己的痛苦、憤怒和失落之火時，會認為自己是在撲滅他們的火焰。然而，把火焰蔓延到別人身上，絕對不是熄滅自己身上火焰的方法。我們能給所愛的人最好的禮物就是收起我們的投射，並遵循我們一直提供給他們的建議。

我們很難坐視自己的感受，因此忍不住將之輸出到他人身上，再試圖透過解釋、指示或要求，強迫他人成為我們內心所想的人。此舉潛藏的訊息依舊是：「我的感受應該是你的事實。」

他人可能屈於我們的希望，而去做我們要求做的事，讓我們因為他們服從需求而感到高興。如果他們不這麼做，我們就會批判他們、指責他們錯了，並在未經同意的情況下，自命為顧問角色。等他們對我們的指導棋感到不滿時，我們甚至還會覺得驚訝。

他們充滿憤怒的反應是源自我們拒絕了他們的本來面目，我們彷彿將其視為需要不斷精進的改裝計畫，而這種反應所傳遞出來的訊息是：「你**快**

要符合我的標準了，但你必須先改變。」

大家來到這個世界上，並不是為了成為我們覺得可愛的樣子，也不是為了要如我們抗拒他們那樣地抗拒自己。我們降臨在世是為了愛他們本來的樣子，並臣服於真相：他們應該成為自己、而不是我們希望他們成為的樣子。這種臣服可能意味著，我們必須在他們無法愛自己的時候愛著他們，然後設下尺度。這並不等同於要求他們改變那些我們無法控制的行為，而是改變我們自己的行為，不再在他們做出傷害我們或這段關係時獎勵他們。我們在愛他們的同時也要面對現實，不再與他們的破壞性一同起舞。

這件事情知易行難，尤其是當我們的希望被自己所愛的人點燃、火焰四射、炙熱不已，甚至他們還會指責是我們放的火、要求我們負責撲滅。這位母親不得不承認自己的兒子是一名「縱火犯」，他不停燒毀自己的人生，而她的愛和金錢都無法免除他這種持續縱火般的行為。

當親人讓我們失望時，我們可以放下他們沒有活出的形象，承擔我們的感受，讓生命如一份神祕禮物那樣被揭開。或者，我們可以選擇逃避我們的感覺、堅持幻想、拒絕我們擁有的關係、嘗試用金錢換取我們想要的關係，並將這些行為稱為「愛」。

如果母親對兒子的失望其實不是問題，而是契機呢？持續的失望只會反映在自己身上，而不是他人；它們反映了我們是如何抗拒正在發生的事。如果你曾經讓我失望，這傳達出的是關於你的訊息；如果你讓我失望幾十次，那傳達出的就是關於我的訊息，這表示是我在否認事實。因為要不是我們不斷否認真相，我們是不會一再失望的，只會對它的再度出現感到驚訝。透過希望落空，他人幫助我們看清現實。

當我們接納失望、而非否認它們時，我們會悲傷並放棄對改裝計畫的希望和幻想。為了面對現實，我們必須讓幻想入土為安。那天，這位母親無望的願望最終遠離人世，我們為曾經愛她的兒子舉行了最後的儀式。

她幻想著錢可以買來兒子的愛和健康，卻買不回他拋棄的人生。他透過自己的行為，寄給她了一張違背常理的愛之箴言：「放棄吧。**妳**的愛無法阻止我的**自我**毀滅。」持續的失望將她的幻想釘上名為現實的十字架。

當她說：「我無法接受！」我提醒她：「妳已經接受了，妳已經接受了三十年，但妳的否認無法承擔，它在壓力下崩潰了。」我們認為自己可以控制正在發生的一切，但生活才是主宰，它拆穿了我們以為如童話般的存在、而非真實的樣貌。

我們試圖將生活推上幻想的頂峰，但生活卻又回到了現實的底層世界。生活會教導我們，而家人就是生活中最好的導師之一。還記得住在稻草、木頭和磚房裡的三隻小豬故事嗎？任何事情都會挑戰我們所安居的思想之屋。我們的家人提醒我們真相，好讓我們成長。生活總是一波未平、一波又起，我們一直緊緊抓住已然崩塌的希望之牆。

當我們不再執著於幻想時，就可以開始接受、愛我們所擁有的家人，並發現他們身上的謎題，他們是我們以為自己認識、但實際上只是正在逐步認識的人。即使我們的家庭是腐朽敗壞的，愛意味著我們不會否認真相，而是讓腐朽敗壞教導我們需要學習的東西。

當這位母親放棄她想要的兒子時，就能開始愛她所擁有的兒子。當兒子再也無法欺負母親，他不得不面對這個事實、不得不與她建立更好的關係。為什麼？因為她已經不再與他一起跳這支舊有的破壞之舞。

推離還是擁抱？

當死亡摧毀了我們的夢想時，我們會聽見什麼？有位心理治療師告訴我關於一名死於癌症婦女的故事。患者的外科醫生在切除腫瘤時劃傷了腫瘤，癌細胞因此擴散到全身，迫使她面對致命的預後。心理治療師告訴她的主管：「我擔心逼迫她去『面對感受』對她來說會太過分了。」她的上司同意：「這是一個非常深刻的直覺真相。」上司的同意讓心理治療師感到既被認可，卻又困擾，於是她向我提問題：「你認為她的感受對她自己來說會不會太多了？」

「我們不可能去逼迫她。」我說：「癌症和死亡就是這樣。妳可曾注意過，癌症和死亡從來不會詢問那對我們來說是否難以承受？無論我們是否有準備好，生命無常，但還沒準備好的不是我們自己，而是我們的幻想。」

「我怎麼知道她能不能承受？」她問。

「她已經承受了癌症和死亡。」

「我明白你的意思了。」

「這對她來說不會太多，她仍在生活。」我停頓了一下。「這對妳來說是不是太多了？」我再次停頓，她看著地板。

「她快死了。妳救不了她。她對因為失誤而害死她的醫生感到憤怒，她正在失去所希望擁有的生活——可以活到老的機會、看到孩子長大成人的機會。妳會牽著她的手、面對她的死亡，並和她一起承擔這些情感嗎？」

「這很痛苦。」

「沒錯。」

「你在給我挑戰。」

「不，挑戰妳的是『人生』。事實上，人生挑戰的對象也不是妳，而是心理治療的形象。妳以為妳的上司認同的是妳，但她認同的是一種心理治療和人生的形象，那裡只有陽光、沒有黑暗，只有藍天、沒有一絲白雲，只有擁有、沒有失去。」

「我以為她在支持我。」

「她是在支持妳逃跑的願望。我們所有人都想逃避死亡，而不是從中汲取教訓。我自己就是一個從人生逃跑的高手，但如果妳想放棄她，妳就不會提出這個問題，因為妳懂，在她最需要幫助的時候，妳不會放開她的手。」

「要眼睜睜看著她死去讓我很痛苦，而且我無能為力。」

「妳無法讓她的痛苦消失，也無法給她性命，但透過認知到她的痛苦、失落和死亡，妳就會更能承受，因為妳們會兩個人一起面對。」

「這不是社會服務的工作內容。」

「心理治療不是一種工作、職業或專職。這是一種召喚。她的癌症、死亡和痛苦都在呼喚妳。現在妳務必要接聽她的電話、聆聽妳那雙手想要伸向她的直覺，並在她過世時候陪伴在旁。」

「這太不舒服了！」

「當然。當她的希望和治療燃燒殆盡時，我們也會感到痛苦。我們救不了她。一切都在熊熊大火中燃燒，但最終火焰會熄滅，在灰燼中，妳和她會發現留下的東西，那是一些妳還無法理解、不知道如何用語言表達或描述的東西。她會在文字、夢境和幻想背後發現自己是誰，妳也會如此。」

我們試圖擺脫自己的生死，但它們不斷地擁抱我們、推開謊言。身為朋友、療癒者或心理治療師，我們也必須擁抱死亡——人際關係、希望和夢想的死亡。與一名垂死之人坐在一起時，我們會意識到自己也在死去。透過擁抱現實，我們兩者都在寂靜中了解潛藏在語言文字下的自己。

心理層面的精挑細選

我們選擇生活中符合自己幻想的部分、排拒其餘部分，而不是全盤接受，並試著活在現實之外。我們認為自己在逃避外部世界，其實是在逃避外部世界所喚起的事物，也就是我們的內心世界——自身的感受和焦慮。我們永遠無法逃離自己。

找上門的感覺會指引我們，悲傷能幫我們面對逝去的人帶來的失落並感受愛；當他人忽視我們的界限時，憤怒會幫助我們保護自己；恐懼不是危險，而是一種信號，提醒我們注意來自內部或外部的危險。因此，感受是正面的，它會提升我們生存的可能性。

那麼，為什麼我們會把感受認定為負面的呢？作為在心理層面精挑細選的人，我們宣稱自己想要的感覺是「正面的」、不想要的是「負面的」。我們試圖將世界一分為二，希望活在其中一半、遠離另一半。我們認為自己應該一切都好，忽略了一直以來的生活中，永遠都是有好也有不好。

承受內心所有感覺會是痛苦的，所以我們努力避開自己「負面的」那一半。一名男子數十年來透過冥想來逃避憤怒，認為憤怒會阻礙自己的靈性成長，他聲稱：「憤怒是不靈性的。任何你投以關注的事物都會成長，所以你永遠都不應該生氣。」他使用冥想技巧來分散注意力，試圖淨化自己不靈性的感受。然而，迴避憤怒讓他變成不懂拒絕的濫好人，最終常在工作中爆發、宣洩怒氣。

心理學家約翰・威爾伍德（John Welwood）將憤怒迴避稱為「靈性逃避」（spiritual bypassing）[2]。我們可以、而且經常會濫用靈性觀念來迴避感情、衝突和生活。渴望那種被誤認為是超越（transcendence）的超然狀態，實現了一種靈性分離。這名男子試圖透過拒絕和掩飾情緒來超越自己的內心生活，卻沒有意識到他已經種下了一顆從內部生長的種子。

他將自己不想要的經歷視為不靈性的垃圾。然而，正如沒有空氣就不可能有風，我們也無法逃離自己。感受和思緒會從內心浮現，而且**永遠都會如此**。我們永遠無法逃避自己，因為我們既不是一個物品、也不是一個地點。

可惜比起承擔起內心生活，我們寧願試著將之斬除。這不是心理治療或靈性實踐，而是心理上的自我截肢。正如哲學家西蒙・韋伊（Simone Weil）提醒我們的那樣，「生命不需要為了純淨而自殘。[3]」然而，人類會自殘，將身體的一部分誤認為是人性中可憎的部分，希望透過自我切割來恢復自身純淨。

純淨的概念使我們遠離真相，因為生活涵蓋了純淨和不純淨。案例中的這名男子藉由嘗試在靈性上淨化自己，試圖將自己與感覺、生活分開，活在一個沒有憤怒的另一個世界中。

他的自我形象——認為自己「應該」是什麼樣子——與「他的本性」這個事實相矛盾。我們迫使自己成為我們珍視的理想畫面。這永遠不可能奏效，因為我們才是現實。我們認為自己「應該成為」的樣子只是幻想。

如果我們放棄自我淨化的暴力，意識會不會對任何出現的事物提出疑問？鏡子會拒絕任何出現的東西嗎？

生活不是超市，我們無法購買感情，將其放入購物車，並將不要的東西留在貨架上。為什麼要將生命一分為二、把剩下的捨棄？在心理治療中，我們擁抱一切，最終，我們甚至不需要擁抱自己的存在，因為我們一直都是本來的樣貌。

尋找

我們往往不願擁抱生活和自己，而是進行精挑細選，又或者是毫不挑選。有名男子緊抓著一生中最消極的事實，在腦海中輾轉反側，直到陷入長期的「反芻思考」（譯註：rumination，指過度沉溺於負面情緒或經驗，不停去想過往不愉快的記憶）。他沉溺於這些最壞的狀況，看不出自己如何創造了對這個宇宙偏頗的看法，又或者其實是他的負面觀點（而不是宇宙本身），導致了他的痛苦。他把自己的「反芻思考」習慣誤認為是一種更高級的思想。為了解決這個問題，我點出：當我們在人行道上看到狗屎時，我們會設法從旁邊走過去，而不是撿起來聞一聞，然後放進口袋。他嚇了一跳，盯著我問道：「噢，你的意思是我是個尋糞者？」

我沒有盲點！

然而，即便我們不再尋找人生中的鳥事，就會轉頭想在別處尋找更好的真相，而不是面對始終存在的真相。為什麼我們看不到？因為我們的盲點。既然我們總是有盲點，就會一直需要別人的幫助來看到自己看不到的東西，就像我有一位同事宣稱：「你不會相信我變得多麼謙虛！」

心理治療無法消除盲點，它是幫助我們接受自己永無止境的盲目，讓我們可以歡迎那些看見我們視線死角的人所給予的反饋。因為我們害怕自己的恐懼，就會透過幻想和防禦來逃避反饋，並對外面的世界視而不見。

然而，盲目之處不僅是我們看不到的問題，也是我們希望別人不要看到的問題。我們不是獨自忍受黑暗，而是要求其他人加入我們，透過否認正在發生的事情來自我蒙蔽，然後就可以享受共同盲目的幸福：彼此同意不去看到雙方不想看到的東西。這永不可行。即便我們否認事實存在，事實也不會停止存在。透過否認，我們創造了自己的痛苦，而不是看到自己是如何做出一切。

例如，一位女士自豪地告訴我，她透過稱自己的丈夫是個混蛋來「維護」自己。

「妳不應該說妳丈夫是個混蛋。」

「為什麼？我只是誠實以告。」

「妳所謂的誠實，別人會稱之為殘忍。聽過這句話嗎？『流言蜚語傷害不了我』？我不相信這句話，言語是會傷人的，我猜想妳在罵他混蛋時傷害了他。」

「他需要聽到真相。」

「我敢肯定他確實如此，因為事實是妳用『混蛋』這個字眼稱呼他。妳不在乎他的感受。他會記住真相：妳不在乎。」

她相信自己對丈夫有所洞察，但卻對自己話語的影響、意涵和殘忍視而不見。她試圖透過爭論，說服我加入她的否認和盲目。當我指出他會覺得她冷酷無情時，她說：「我不是那個意思。他不應該把這個字當成針對個人。」好像意義可以從言語中分離，後果可以從文字中抹除。唉，她的蔑視確實產生了後果：離婚。

我們剛開始接受心理治療時，並不知道是什麼導致了我們的問題。我們會先說：「我不懂。我正在做自己應該做的事情，但它沒有效。」我們有一套理論來解釋自己的痛苦，但那些理論（例如「他是個混蛋」）成為盲目的證明，因為我們珍視這些理論、要求別人同意：「你不認為他錯了嗎？」

如果心理治療師和朋友愛我們，就不會愛著蒙蔽我們的謊言，而是會揭露它所隱藏的真相。如果我們愛他們，就會受到他們所提供的真理的影響並與之共處。然而，如果我們喜歡的是謊言，就會透過批評來報復，試圖將痛苦推向他們：「這不是真的！那是**你**做的！」

既然我們都有盲點，就需要有他人指出來。當他們幫助我們看到自己看不到的東西時，我們可以做出自己以前做不到的事：擁抱現實並接受它的贈予。在那之前，我們都是盲目的。為什麼？我們被自己說的謊言蒙蔽了雙眼。

我是另一個你，但也不是你

我們的心理盲目源於我們透過防禦使自己盲目。人性的一切對我們來說不是全然陌生的[4]。然而，每一種防禦都會宣稱那些感覺、思想或慾望是陌生的。我們論斷他人透過說話來避免痛苦，卻忽略了自己亦是如此的事實，又或者，假裝自身沒有特定的情緒、衝動或問題。精神病學家哈利・沙利文（Harry Stack Sullivan）提醒我們：「我們比其他人更有人性。[5]」每個人都承受著人生、失去和死亡的痛苦，並試圖逃避現實。

我們否認自己其實擁有那些在別人身上論斷的人性，例如，我們可能會說「某某總統很傲慢」、「有錢人都很貪婪」或「窮人都很懶惰」。我們每個人都可能傲慢、貪婪和懶惰，在想像這些人性特質僅存於我們所斷論的他人、而非在自己身上時，我們會覺得更舒適，但事實並非如此。

所有人都會犯錯並給他人帶來痛苦，一如這些跌跌撞撞、否認和說謊的人類同胞。這些事實讓人難以面對；因此，我們試圖透過想像力離開人性的世界，假裝自己高人一等，觀察他人、評判他們、排拒他們的人性。在沒有意識到這一點的情況下，我們在斷論的其實是自己的人性。

每一種防禦都試圖泯滅我們的內在或外在生活。每次當我們說自己的悲傷是愚蠢的、慾望是荒謬的，或憤怒是醜陋的，就是在進行一次謀殺。我們可能會死於手腕上的一道刀痕或對靈魂上千次的創傷，這是一種心理自殺。

當我們遇到一個人時，就會發現一顆不同的心、不同的思想和不同的人生面向，這會颳走我們的幻想安樂窩。我們可以放手、適應生活以作為回應；或者，選擇不去接受不同的想法。我們可能會不屑一顧、表現出蔑視，甚至抱持最危險的幻想：「如果我殺了對方，我就能消滅他的想法。」每個禮拜都有狂熱分子試圖透過殺人來扼殺思想和感受。

這些扼殺可能是真實的或是象徵性的：無論是脫口秀中對權威人士的諷刺攻擊、對丈夫尖叫的妻子，還是毆打兒子的父親，每次攻擊都是在試圖消滅另一個人、另一種觀點或人生的一部分。然而，正如我們無力阻止死亡，我們也無力阻擋人生。

羅馬神學家特土良（Tertullian）在兩千多年前哀嘆道：「對真理的第一反應是仇恨。[6]」仇恨試圖讓現實消失，它之所以持續失敗就是因為動用暴力；仇恨總是持續高漲，好像只需要變得比生命巨大就可以征服它。狂熱分子、殺人凶手和霸凌者相信他們可以剷除一種心態。

然而，每一個世代都有太多的孩子在必須壓抑心靈的家庭中成長。童年遭受心理霸凌的個案，可能會將他們在童年經歷的心靈謀殺帶入心理治療[7]。「這位心理治療師會要求我放棄自己的慾望嗎？我會要求治療師放棄她的觀點以證明她愛我嗎？我的心思和治療師的心思可以共存嗎？」這種衝突經常發生在心理治療的過程中。

一名四十歲的男子因為人際關係以及與我互動時所產生的問題向我尋

求諮詢。在我指出他與我疏遠的行為，如何反映了他與女性的疏遠關係後，他厲聲說道：「這是一堆廢話！」

「你有沒有發現你對我開始冷嘲熱諷？」

「那又怎樣，我不相信你說的任何話。」

「你不贊同我也沒關係。你可以接受我不贊同你嗎？」

他聳了聳肩：「當然可以。」

「很顯然，我們有兩種不一樣的觀點。你有你的、我有我的，本就會如此。一個房間裡存有兩種想法，我想這對你沒問題吧？」

「是的。」

「如果你可以接受我們沒有共識，為什麼要添加額外的冷嘲熱諷？而且這麼做其實並不必要。」

他很驚訝：「我不知道。我從來沒有想過。」

幾秒鐘後，他不由自主地描述了他酗酒的父親——一個暴虐、尖酸刻薄且虐待他的人。在被他父親辱罵後，他也辱罵我。他的辱罵性言論和顯而易見的屏障就是過去受苦的宣洩窗口。他不是透過語言告訴我自己的過去，而是藉由行動展現往事。

霸凌者謾罵、施虐者毆打、狂熱者殺人，但他們永遠無法根除事實。這位男子長大成人後會虐待自己和所愛的人，同時又害怕對方會虐待他。成年後，他成為施虐者和受虐者，使他在孩提時遭受的痛苦永存。

無論他對自己、對我如何不屑一顧，他的內心生活始終存在，即使男子以澈底遺忘的主觀感受來隱藏這點，也無濟於事。他的焦慮不斷指向等待他注意的內心生活，從這個觀點來說，來接受治療的並非人類——而是我們的焦慮和症狀希望能被擁抱療癒。

我們想擺脫那個拉著我們去接受治療的內心生活；然而，我們的任務是接受並承受現狀。身為人類，我就是你、你就是我；我們接受彼此就是跌跌撞撞、否認和投射的對象。如果我們是透過接受自己所拒絕、歸咎給他人的東西而獲得救贖，會是如何？當這位男子看清我不是他的施虐者時，他意識到自己虐待了自己和他人。結果，他開始為自己的失去而感到悲傷，並面對他對父親的憤怒。在擁抱自己的內心生活後，他停止了虐待，再次有勇氣去愛。

人們向我們揭露了其他心思、想法和信念——我們並非唯一。我們對世界的印象並不包含他人的世界，對自己的印象也不包含他們的所見。當我們意識到自己對他人的想法實則在描述自己的信念、而非他們的樣貌，我們的確定性就消失了。活生生的人無法被概括於一個禁錮的想法中。這位宣稱我所提供的內容是垃圾的男子察覺到自己的觀點、而不是我的。他忘記了我們的反應和想法會指向更深遠的內容。

當我們認知到其他人疏離且病態的想法只是一種幻覺時，我們與一般人的分離想像就終結了。在那之前，當我們將他人視為「非我」時，就會受苦於困擾我們生命的疏遠和孤獨。

我可以付錢讓你騙我嗎？

為了擁抱他人，我們必須面對他們和我們自己的謊言。如果我們被要求說謊，該怎麼辦？一名男子宣稱他不需要心理治療，但是他的朋友認為他有用藥問題，所以要求我拿錢不辦事，他就能告訴朋友自己有接受治療。

這是一個測試：我會提供虛假的療程、還是真正的療程？

他解釋說：「我只是想讓我的朋友不要再管我。」

已。」

「他們沒有在管你，在管你的是真相。他們只是一直點出這件事情而已。」

「如果我沒有從他們那裡聽到這件事，就可以忘記它。」

「你可以忘記真相。它不需要你記住它就可以存在。不管你跑多遠，事實就是如此。」

「聽好，我會固定來這裡，付錢給你，然後我可以告訴他們我正在接受治療。」

「但這不可行，你只是在假裝有接受治療。」

「他們不會知道的。」

「但我們會知道。你要求我提供一個我們知道不是真實的虛假療程。你希望透過從我這裡買到不誠實，進而獲得你想要的真相，但它是非賣品。」

他笑道：「我不會告訴任何人的。你是在幫我。」

「我幫助的是你的謊言，而不是你本人。如果我把我的誠信賣給你，我就是一個沒用的騙子，另一個存在於你生命中的騙子。」

「我以前看過心理治療師，也參加過康復療程，他們很樂意收我的錢。」

「如果我依你的要求收了你的錢，我就是職業道德敗壞，不值得你信任。你沒有理由相信我。」

「你是說我應該去找別人？」

「如果你夠努力，的確可以找到幫助你說謊的人，但為什麼要聘請一個說謊者當心理治療師呢？」

在心理治療和人生中，我們會遇到說謊者。我們必須對自己誠實，認知到他們在說謊，如果我們幫助他們說謊，就是在對自己說謊。

我們都希望被療癒，但又恐懼那些可以療癒我們的事物：說出、感受和面對真相。我們每個人都在說謊，不會因為心理治療師指出一個防禦措施就放棄。當心理治療師誠實以對，不與我們的謊言勾結、也不無視我們的防禦時，我們就會放手。在療癒關係中，雙方都必須誠實。

我們不要求說謊者誠實以對。那是我們的謊言——我們拒絕面對他的謊言。說謊者要求我們撒謊，以了解我們是否值得信賴。而當他說謊時，我們必須注意他的聲音或我們內心的急迫性，他過往潛能的吶喊因為消失在謊言之下，變得越來越沉默，最終無消無息。

貶抑

我們說的另一個謊言是貶抑。一位女子宣稱我沒用、我的講解很荒謬、療程一文不值。她貶低我、她的親密朋友和家人，疏遠他們，並用一生孤獨來懲罰自己。

我們所有人都會遭受貶抑。這與我們無關；這是貶抑者不針對特定對象所使用的防禦措施。小狗會抬腿撒尿並非消防栓的錯，別人貶低我們也不是我們的錯。他人之所以宣稱我們沒有價值，是為了避免仰賴我們所提供的價值。透過貶抑，他們逃避依賴他人的危險；或者，當他們嫉妒我們取得真正的成功時，也可能會藉由否認我們的價值，以達到想像中的勝利。因為無法忍受自己的嫉妒，他們貶低那些在自己身上找不到的東西[8]。

這位女子宣稱治療無效時，我問道：「妳有注意到妳是如何貶低我嗎？」

「你是說我必須重視你？」

「不，妳可以貶低我，這是一個自由的國家。但只要妳貶低我，就會與一個毫無價值的治療師產生連結，最終得到一個毫無價值的療程。」

「這種療程毫無價值。」

「我很高興我們有了共識。因為只要妳貶低我，這個療程就毫無價值。」

「我沒有從這個療程中得到任何好處。」

「當然。如果妳貶低我，就不會仰賴我的協助，也不會從療程中有所得。如果這對妳有用，妳可以繼續貶低我，但治療將以失敗告終。」

「我為什麼不應該貶低你？」

「我是妳的心理治療師，不是妳的馬桶。」

「如果你的療程毫無價值怎麼辦？」

「是療程沒有價值，還是妳的貶抑沒有價值？妳可以貶低我，我不能阻止妳，但這將成為眾多失敗療程中的另一個失敗療程。我們將不得不為妳本可擁有的生活舉行葬禮。為什麼要破壞妳的療程？為什麼要延續妳的痛苦？」

每當我們邀請任何人與我們建立親密關係時，這些邀請都會激盪出對過去關係的回憶。這位女子愛的人傷害過她，而我提供的幫助引發出複雜的情緒：她一方面想要我真實的關懷，又害怕那存於她幻想中的殘酷。因此，與其冒著如過往那樣被貶低的風險，她選擇先貶低眼前的人。

當他人貶低我們時，我們可能會感到憤怒，就跟他們被旁人貶低時產生的感受一樣。如果我們不去察覺這種憤怒，就可能會歸咎到自己身上：「也許她是對的，是我不夠好。」也可能被她嚇倒，因此屈服於這樣的貶抑，如同這名個案屈服於母親對她的貶抑：「如果我說話會讓她生氣，那或許我保持沉默可能會讓她喜歡我。」

佛洛伊德將理解和解析這些動態的過程稱為「解決」（working through）[9]。但人際關係分析家建議我們稱認知到在過程中激起的強烈情緒為「度過」（living through）[10]。在人際關係中，我們面對強烈的感情並透過生活學習。這意味著，無論是何時發生貶抑的狀況，無論對方是老闆、同事或配偶，我們都必須面對。

遇到貶低時，我們可能會誤以為保持沉默是一種善意，但事實上，接受貶抑是種自虐般的服從。中世紀神學家多瑪斯．阿奎納（Thomas

Aquina）曾說過：我們永遠不應屈服於另一個人，因為這樣做就是讓她犯下罪業[11]。持續貶抑會傷害她，而當我們接受貶抑時，源自於此的憤怒、沮喪和絕望也會傷害我們。服從和報復無濟於事，那麼我們應該做什麼？說出真相。

貶抑不是洞察，而是心靈垃圾。我們並非無用，她的貶抑才是無用的。諷刺的是，貶抑反而「揭露」了我們的價值——貶抑者羨慕且不能容忍自己從我們這裡所獲得的事物。貶抑會使一個人缺乏健康的人際連結，試圖扼殺任何引發嫉妒的好事。

為了停止謀殺任何關係，我們不僅需心理治療，還要以力量回應仇恨[12]。只要對方想要，她當然可以貶抑我們，但我們也有另一個選擇：分道揚鑣，不要與她生活中的癌細胞合作。一旦我們不再聽從她的貶抑時，她才會得到朋友，或者以這名個案的情況而論，她會得到一個她無法摧毀、卻可以仰賴的心理治療師。

他人貶抑我們時，我們會設立界限以防止我們的關係變成茅坑[13]。如果我們同意一個人的貶抑，就是鼓勵她犯下罪業：扼殺一段人際關係。即使人生和心理治療都涉及服從，但我們永遠不應屈服於貶抑。我們服從的是真理、並非謊言，而貶抑就是對我們說的謊言。

生命皆有一死，但人因自我懷疑而死千百回

有時候是別人貶低我們，但更多時候是我們貶低自己。一位女子對我說：「我總是找自己碴，我整天懷疑自己。」她的自我懷疑是偽裝成「更高級思想」的自我憎恨。

「我想去這個工作坊，但我不夠聰明。」
「這會是一種自我批評的想法嗎？」
「如果我不具備所需條件，怎麼辦？」
「這會不會是自我懷疑？」
「如果我失敗了，怎麼辦？」
「我們能在今天活出明天嗎？」
「沒辦法。」
「有注意到妳是如何濫用這種未來的幻想來折磨今天的自己？這就像在說：『既然我現在就可以受苦，何必還要拖？』」

她輕笑：「我經常這樣做。」

「這種自我懷疑是否是妳懲罰自己想要離開老闆、尋求更好工作的代價？」

她愧疚地笑了。

當我們懷疑自己時，我們拒絕與自己的感受相處以發現究竟什麼會出現。我們杞人憂天，用恐懼填充未來，而不是深入那未知的自我。

我們就像手持一根蠟燭走過人生，燭火其實只揭示生命的一小部分，我們卻誤以為自己看見全部的景象。我們真正的價值不在於光明，而在於黑暗。誰知道我們的未來？沒有人。我們的任務是臣服和擁抱自己的未知。

放下對於懷疑的確定性，我們就能意識到它是如何讓我們看不到自己真正的潛力。當我們放下自我貶低的謊言時，感覺就會睜開眼睛，讓我們可以活出以往隱藏在自我懷疑背後的真相。

煤氣燈效應

他人會透過要求我們同意他們的謊言來蒙蔽我們，而我們則透過錯誤的信念蒙蔽自己。我們往往謊稱自己了解別人，不肯承認其實永遠無法探查另一個人的內心深處，而這種謊稱的確定性變成新的盲點。如果想要了解任何一個人，我們首先要認知到自己並不了解對方。**「不了解」是認識任何人的先決條件，這使我們能夠向另一個人敞開心扉**。但是，如果我們拒絕向他人坦承以對，會發生什麼事？

一位男子向我詢問他之前心理治療師的事：「她跟我說，我一直眨眼代表我覺得怒火中燒。這是真的嗎？」

「不，那是讀心術，不是心理治療。」我回答道。在不知道另一個人的內心深處時，我們會活在危機中；我們必須放下幻想，去與對方連結。

男子繼續說：「她告訴我一些關於自己的負面資訊，而我不同意，她說這證明了我在抗拒。如果我同意一個我認為不真實的指控，就會得到她的認可。但是，這讓我感覺進退兩難。」

「你說得沒錯。」我回答。

我們藉由把「意見分歧」解釋為抗拒，以試圖脅迫別人屈服，並將之稱為「合作」。任何事實都可能被濫用來讓他人相信我們的投射是真實的。

此現象被稱為「煤氣燈效應」，出自於知名電影《煤氣燈下》中，男主角透過隱瞞、扭曲事實，說服妻子認為她自己要瘋了。

那些試圖支配和控制另一個人的人，不會幫助個案中的男子找出自己的意見，而是把自己所謂的「聆聽」丟給他。他們沒有尋找男子的衝突點，而是直接告訴他該怎麼做。當他們感到不舒服時，就指責男子「讓」他們感受到自己不想感受的東西。一位心理治療師對她的主管說：「這名個案把她的困惑加諸到我身上。」主管回答說：「不，親愛的，我認為困惑的恐怕是妳。」

我們第一時間通常不會審視自己，而是急著怪罪都是他人帶來這些感受，然後將自己的信念加諸於對方身上，例如「你一直眨眼睛代表你覺得怒火中燒」。這時候我們就不是與一個人有連結，而是與自己心中的一個想法有連結。

我們必須變得樂於接受，而不是強迫他人去符合我們的想法，並且允許正在發生的事情推動我們的想法，以適應真實。有位學生問起她的個案：「她接下來會做什麼？」我說：「我不知道。心理治療師開始預測個案會做什麼時，我們就會避免面對自己不知道的事情。我們的工作是對不在我們預期中的事情保持開放態度。如果不保持開放的心態，我們就會預測，而預測是治療師投射的一個花言巧語。」

我們試圖預測未來，而不是活在其中、探索他人的奧祕。透過預測，我們可以控制進入未知世界的焦慮。一名男子在酒吧遇到了有好感的女子，並詢問她的電話號碼。後來，他打電話想邀她出來約會，但她很疏離，不想赴約。我問他有什麼感受時，他說：「我對她有強烈的渴望，我知道她會愛我的。」

這不是「理解」，而是他的信念。他不愛她，他愛的是自己希望她成為的樣子。他表現得好像自己的這股渴望如此之強大，可以讓真實變得虛假。他一直打電話給這名女子，最終她封鎖了他的號碼。他試圖控制她，以免感受到自己「被拒絕」的憤怒和悲傷。「控制她」意味著他與她的真實樣貌起了衝突。當他放棄「她『應該』如何」的想法時，就不會再試圖控制她和生活。他對她、失落和自己的感受敞開心扉，擁抱生活實際的模樣。在過去，他以為自己可以抗拒失落法則、改寫現實。然後他經歷失落和憤怒，不再渴望從未發生的事情，而是開始接受曾發生過的事情。

我們可能選擇會與生活對抗，而不是保持開放心態。一位心理治療師沒有向她面前的個案保持開放，而是告訴個案他們「無助、可憐、殘缺」或「充滿深度病態」。這些個案變成了偽裝成心理分析的有毒投射心態的垃圾場。

當我帶著自身破壞性的過往經歷到來，我可以以一個同樣跌跌撞撞的同伴身分與你交談，不再照亮你的病態，而是照亮我們共同的人性。當我們把問題放在別人身上時，就會試圖控制在該處的危機，但與此同時，卻忘記了我們在別人身上評判自己在內心抗拒的事物。

這名男子愛上拒絕自己的女子，認為她應該要根據他的想法來愛他，而非根據女子自己的想法。所以當女子拒絕他時，他就批判這項行為，並且排拒她的想法。男子以為她沒有給他機會，事實上，是他沒有給女子機會。他需要接受她本人，而非繼續珍愛他自己的想法——自以為替她準備了多麼棒的幻想劇本。當他拒絕了女子本來的樣貌時，也認為她拒絕了自己。

當我們不再要求別人實現我們的理想時，就可以對他們和自己真誠，不再與生活鬥爭。在煤氣燈效應中，我們試圖改變現實、或讓別人看不到它，這樣就可以生活在自己的願望之井中。然而，我們在生活中要接納他人的樣貌，而不是我們「希望」他們成為的樣貌。只不過在此之前，我們會繼續抗拒生活，並誤以為是生活在抗拒我們。

我的愛能融化他的防禦嗎？

如果真能如此，就不會有人需要使用防禦措施了。從布魯諾・貝特罕[14]到亞倫・貝克[15]等精神病學家都說過：「只有愛是不夠的。」那麼，為什麼這個神話一直存在？因為這是我們童年的生存策略：「如果我愛爸爸媽媽，他們就會愛我。」

愛很強大；但大門必須敞開，愛才能進到房內。當防禦緊閉大門時，沒有人能進入。孩子認為是他的行為讓父母的心扉緊閉，因此會責怪自己，認為自己必須成為一個更好的孩子、更有愛心，別人才會敞開心門。

我們依然珍視這個願望，希望自己善良、別人就會善良；如果我們很友善、他們就會很友善；如果我們愛他們，他們就會愛我們。愛能讓事實消失嗎？

即使在治療中，我們也會發現這種幻想的聯姻。有個心理治療網站這麼詢問潛在個案：「如果你有一位知道如何愛你、並指導你度過人生不同階段的父親，你的人生會是什麼樣子？你的心會對愛更開放嗎？在成年後，『重塑父親形象』對未曾得到父愛的男女來說，可能是一種滋養體驗。」這是多麼美好的童話故事：心理治療師能給我父親未曾提供的愛，我過去所失落的事物就跟著神奇地泯除了。

誰不希望當下的愛可以泯除過去的痛苦？我們希望愛有魔法、足以面對巨大的痛苦，心理治療師也會有同樣的願望。多年前，有位心理治療師邀請個案穿上尿布、坐在他的腿上，然後吮吸奶瓶。他試圖重新提供他們親職教養，以彌補過去父母的失敗。

但是，覆水難收啊。重新給予父親、母親或親職應給的照料並非治療、而是魔法，試圖用現在的幻想填補過去的空白。我們不能讓人死而復生。我們無法倒帶或重製這張稱之為人生的ＤＶＤ。我們無法消除過去，只能創造一個更好的現在，請接受失去是人生的一部分。

雖然我們希望可以透過愛除去過去的痛苦，但我們必須面對人生、失去和死亡的限制，才能真正被療癒。心理治療無法代替失去的東西，但可以幫助我們擺脫愛的障礙。接著，我們可以哀悼過去不可能發生的事，進而塑造出今日的可能。

用愛融化防禦是不可能的。愛不是水，防禦也不是冰，試圖用愛融化防禦就像在試圖生火時，卻又一邊向它潑水。在這種盲目的愛中，我們看不到整個人，只看到我們想要的部分。比起接受事實（例如「他拒絕我」），我們更喜歡專注於那些自身希望存在的特質，忽略眼前這個人的真實面貌。這可不是什麼值得讚揚的行為，而是對此人的仇恨。我們試圖透過「無所不能」來戰勝現實：「我會**讓**你愛我，即便你拒絕我。」

試圖**讓**任何人愛我們，這不是愛而是暴力。我們嘗試扼殺所遇到的人，只想去愛內心所想要的人。事實上，我們並不愛他，我們喜歡的是自己希望對方成為的幻想。

我們希望我們的愛足以療癒，但如果防禦緊閉大門，愛就無法進入。如果我們的心門關閉，就必須敞開心扉；但如果別人的門是關著的，我們必須去其他的門——那些敞開的門，愛終能從此進入。

CHAPTER 4

在生命結束前，請讓幻想死亡

DIE BEFORE YOU DIE

在治療和人生中，我們都會面臨兩種死亡：身體的死亡和幻想的死亡。我們必須在身體死亡前就讓幻想死亡。也就是說，我們必須經歷「否認」的死亡，並讓假象剝落——那些我們要求他人欣賞和強化的形象。

接著，心理治療師和個案會為虛假的自我舉行葬禮——那個我們執著、且要求他人也抱持的自我形象。當我們為自我形象的死亡默哀時，否認會消融、幻想會消失。然後，我們開始知道自己到底是誰，到底潛藏於謊言之下的自己是誰。

愛與死

為了讓愛走進內心，我們必須停止躲藏於假象之後。我們注定要生活在真相中，但仍然被自我形象囚禁。如果他人所見的是我們的假象，怎麼有辦法愛我們呢？

所謂的「我」或身分，是我們表現、提供的印象，以及我們要求其他人也給予的印象。我們宛若癮君子般迷上了自己的自尊心，希望別人會同情或讚美我們，否則他們會看穿我們真實的樣貌。當他們看穿時，災難就發生了：我們的謊言、自我形象和身分就此煙消雲散。

放棄向來敝帚自珍的身分是一件痛苦的事。一名建築師在她的員工起訴她冒犯他人、還做出種族歧視行為之後，來到我的辦公室。她充滿憤怒，認為員工都在抹黑、迫害她。她的丈夫試圖讓她平靜下來，讓她回想起她與員工交流時那些過於激烈、甚至刻薄的言行，而她因此怒斥丈夫。

「我注意到妳對妳先生的評論有反應。」我說。

她厲聲道：「對，他也反抗我。」

「有什麼證據呢？」

「他一直站在他們那邊。」

「他覺得妳的言論似乎有點過度強硬。依照妳的想法，是否真的如此呢？」

「是，但那是因為他們活該。」

「好。如果妳的意見太強硬，他是反對妳、還是反對妳這種意見強硬的性情？」

「噢。」

「妳說得沒錯：這個脾氣與妳對立。既然妳的丈夫不在辦公室現場，妳的言論是不是比他本人讓妳更受傷？」

「你是說我是個充滿敵意的婊子？」

「不是這樣。我想知道這些意見是否對妳懷有敵意，是否破壞了妳希望成功的願望。」

「我猜你是對的，但我覺得你在批判我。」

「好像有個人請妳展現自己，這樣就可以濫用妳的話來判斷和譴責妳。」

「感覺就是這樣。」

「這個審判者的形象現在出現在我們之間，妳是與那名審判者在一起，而不是與我本人。」當她在椅子上放鬆下來時，我繼續說：「那些害怕我批判他們的人往往都承受過多的自我批評。妳是否因為過多的自我批評感到痛苦嗎？」

「對，自從這場訴訟案發生後，我就一直很討厭自己。」

「妳是否希望我幫助妳克服這種自我批判的模式，讓妳可以從冷靜、而非恐懼的立場處理這些問題？」

她渴望受到喜愛，但潛藏的不安全感讓她如批評自己一般的批評別人。隨著這些攻擊越趨嚴重，她的自我評價下降、攻擊上升，循環往復，直到這場訴訟對她自尊發出的最後一擊。她應該要承擔「完美女人」這個自我形象的死亡，面對自己的行為並接受後果，但是，她選擇憤怒地控訴丈夫和公司不支持她。

他們會支持她這個人，而非那個完美女人的假象。失去自我形象時，我們會嘗試恢復它，並要求他人也這樣做。我們對自己撒謊，也要求別人說謊，但生活環繞著我們，無視我們的否認、想法和憤怒。

她的丈夫試圖阻止她斷送職涯，這是他發自愛的行為。然而，為了讓他的這份愛走進心裡，她必須放棄自己完美的自我形象。為了看到自己，她必須停止否認事實。然而，我們通常不會接受真實的自己，而是堅持想像中的自我形象，拒絕對這一刻敞開心扉，但這一刻實為人生的餽贈。

這位建築師後來問我：「我必須接受你和他們所說的話嗎？」

「不必。妳可以拒絕，看看這樣是否有用。妳不需要接近或遠離事實，因為無論如何我們就是會被它包圍。妳需要做的只有看見事實，而非拒絕、操縱它們，或者試圖將它們安放在妳最愛的觀點中。」

與真相交流會改變我們。在過去對他人可行的方式不會是今日的解答，我們必須放棄舊有的答案，以體驗我們正在逃避的事。

當建築師傾聽她的丈夫、員工和自己的意見時，她接受了自己並非心裡假裝的那個模樣。她某天在意識到自己的殘忍言語之後哭了一場，接著便擺脫義憤填膺，開始感到內疚，與她人性的那面再次團聚。「我覺得我可以更好。」她說。

當我們接納自己的痛苦時，會將心理治療視為一種減法，讓我們放棄已知（我們的自我形象）並走入未知（在我們的幻想之外生活）。當這位女子放棄完美女人的假象後，將自己視為一個不完美、但能夠愛與寬恕的人。當她讓自己的愛帶領自己時，新版本的自己就此誕生。

當我們放下這些身分，那個卡在中間的幻想面紗就會消失。「害怕愛」並沒有錯，因為愛會要求我們去掉自己的假象。當我們放下假象並為此悲傷時，就會讓自我形象沒入無言的淚水中。

「我很害怕死亡」

有位治療師問：「我罹癌的個案很害怕死亡，我該如何處理？」

「你是否能對他的恐懼敞開心扉，就讓他害怕，這樣他就可以知道恐懼所直指的內容？」

「我一直在擔心我們還有多少時間。」

「沒錯，我們確實不知道。」

「我覺得焦慮，想知道心理治療應該在何時停止。」

「死亡會負責喊停。你是否希望能在他生命結束前結束治療，這樣就不用陪伴他到最後？」

「感覺是這樣沒錯。我怕他會問我死亡代表什麼意義。」

「你能接受這個問題，即便沒有答案嗎？」

「他一直想知道死亡是否是上帝的懲罰。」

「不是。只有當我們活在一個一切人事物都永存不朽的幻想世界中，死亡才會看似是一種懲罰。」

不願意面對人生的時候，即使無人能免於一死，我們仍會在否認中度過，逃避限制和結局。只有當死神逼近時，我們才會讓自己的否認先於肉身死亡，而在那之前，我們用幻想來抵禦死亡。

我們對「沒有失去」的世界所抱持的期待帶來持續痛苦。我們苦等自己所想望的世界，但現實世界卻就此降臨。死亡堆積如山：結束、疾病和親人離開，直到我們成為下一個。這些死亡打擊了我們的幻想，直到我們拒絕面對生命的有限，嚥下最後一口氣然後死亡。

這種反抗不僅是個人的，也是文化的。西方文化有死亡恐懼症，我們透過幻想的口號逃離死神：「做就對了！」「你可以成為任何你想成為的人！」「你能擁有一切！」縱使這些鑽進腦袋的幻想狀似真實，但生與死的界限才是真相。

末日恐懼很少以恐懼的形式呈現，我們透過美食風潮、整形手術、染髮、消費主義的生活，以及進行和「成為」更多的瘋狂衝動來逃避對死亡的恐懼。與此同時，我們的皮膚下垂、頭髮灰白、能做的事情越來越少，無法成為與我們當前違和的模樣——也就是變得更年輕、更遠離死亡。

我的一位營養師朋友說：「吃對的食物、運動、難逃一死。」如果將死亡視為一場必須勝利的戰鬥，我們就會失敗。無論採用何種飲食、或忍受什麼樣的整形手術，我們很快都會變成蛆蟲的食物。當我們不再拒絕生活，就將面臨生死存亡，而下述的寓言便描述了這條旅途。

一個鹽娃娃第一次在海邊散步，她問：「你是誰？」水回答說：「我就是大海。過來看看吧。」她走進海浪中，在溶解之前倒吸了一口涼氣：「啊，現在我明白自己是誰了。」[1]

悲傷並不是我們需要控制、管理或理解的東西，而是要活在其中，如此一來，我們的幻想才會消散，並讓真實的事物浮現。當我們為失去幻想而悲傷時，我們會與真相合一。死亡化解了我們的否認，將我們的優先事項從幻想轉換到真相。

我們不會因選擇而死，但我們可以選擇面對自己的感受。我們與朋友、同事和自己所愛的人一起，在他們進入黑暗時牽著手，並了解我們也在走向死亡的過程。

要想深入死亡的奧祕，需要我們犧牲視為珍寶的幻想。當悲傷溶解我們的否認時，否認會先我們一步逝去。當死亡逐漸佔據我們的同時，我們活著、也正在邁向死亡。死亡永存，因為每一刻都在死去，並被另一個時刻取代。

死亡邀請我們放下否認，敞開心扉接受現實，那就是我們總是活向死亡。在與一位垂死的朋友分享這段經歷時，我們可以給他一個能夠伴隨他到黃泉之下的東西——愛。讓一位跨過生死邊界的人給予愛、並被其所愛，是一種幸福，這挑戰了我們擁抱當下的能力，並最終導向更深的悲傷，亦即揭示我們的人性。當我們坐著、握著他的手、愛著他、知道他感覺被愛時，可以感受到約瑟夫・愛欣朵夫在他的詩〈在暮色中〉（Im Abendrot）中所提出的內容：

無盡的平靜寬廣且靜謐
富滿閃耀的日落：
如果這就是死亡，
在迷失的過程中，我們發現了美，沒有遺憾。[2]

「我想一死了之！」

雖然大多數人是死於疾病和衰老，但有些人選擇死亡來逃避他們的痛苦。當愛死去時，我們可能會憂鬱地說：「我想死，我活不下去了。」心理治療師要如何克服個案的死亡衝動？

治療師不會去「克服」，而是接受並探索個案對死亡的渴望。他們要對人心的這種表達敞開心扉，將個案當成一個需要被愛的人，而非一個需要被修正的對象。心理治療師遞出的是援手，而非一顆藥丸。因為，如果試圖說服個案不要自殺，他們就會與個案的痛苦、希望破滅時會有的投降衝動保持距離。**在個案想死的時候告訴他「活下去」並不是聆聽對方的方法。**

我詢問一位憂鬱症個案：「你什麼時候開始想尋死？」

「之前我和女朋友訂婚了，還定下了結婚日期。」他回答道：「有天晚上，我們去參加聚會，喝得醉醺醺。我和其他朋友在露台聊天時發現女友不見了，就開始找她。後來我打開一扇臥室門，居然看到她正在和屋主上床。我簡直不敢相信。我走出去、上了我的車，然後開車回家。第二天她打電話跟我道歉，但她說她愛上了這個男人，想取消婚禮。我想也許她會讓這件事情結束。」

「她背叛你這件事情，讓你對她有什麼感覺？」

「我覺得很沮喪。」

「但你對『她』的感覺是什麼呢？」

「我愛她，但我恨我自己。我希望她能回來。」

他想自殺的想法是雙面的。一方面，想要自殺的念頭又把他對前未婚妻的怒火轉回到自己身上；死的是他，而不是她。另一方面，尋死也意味著他想活下去：「我不想這樣活著。我再也不想要這種虛假的真愛了。活在謊言中令人難以承受。」

他寧願死，也不願忍受美夢消失。他對於前未婚妻能回心轉意的夢想猶如一座墓地，他卻守在那裡苦等一段關係死而復生。他本可以讓自己的夢想幻滅，卻反而選擇思考結束自己的性命。

在這段治療過程中，我們為已逝的訂婚關係舉行葬禮，讓它可以得到祝福然後安然入土，然後他可以與他的前未婚妻（而非他對前未婚妻的幻想）重新有連結。如果活在一個死胡同裡，生命就不值得繼續下去。唯有把幻想埋葬，這個人才能找到一種活在實際的方式。

我們接受真相的方式並非讓自己置身事外、靜靜觀察，而是像鹽溶於海中一樣沉浸其中。等個案的幻想消散於悲傷之中，他便放棄對特定想法的執著，也就是他希望前未婚妻成為的那個女孩。相反地，他接納了那位女子本身，這讓他得以解脫，並找到最終可接納、攜手步入禮堂的另一半，而他的另一半也能接納真實的他。

這個人是對的：垂死的人生不值得活。如果他殺了自己，就可以免於面對失去訂婚關係的痛苦，但他也將失去「放下心中那一個念頭」的機會，以及在這個世界上找到另一位伴侶的機會。心理治療幫他放開已經對他鬆手的前未婚妻。這就是為什麼我們說某人依附於一個想法：這位男子堅持前未婚妻想要待在他身邊的想法，但實際上，這並非她的想法。他依戀的不是這名女子，而是不存在且不真實的事物。

我們甚至可以依戀「自殺」這個想法。有位已經在進行其他心理治療的女子找我諮商，她已嘗試自殺長達二十年。當我說她壓抑了自己的感情時，她回答：「也許我就是想死。」

「好消息是，如果妳想要，妳可以的。每家藥局都買得到這些藥物，我和妳的其他心理治療師都無法阻止妳自殺。人即使在醫院裡也會自殺。如果妳想自殺，妳可以做得到。這一直都是一種選擇，但這麼有才華的人為什麼想要躺進棺材呢？原因是什麼？」

痛苦在她的臉上擴張，她淚流滿面。經過這次諮詢，她那帶有自殺衝動的憂鬱症第一次獲得緩解。

她求死的願望揭露了她對生活的渴望。如果求死是旅程的第一步，該怎麼辦？期盼結束已逝人生的意念，是否可以轉成活出一個真實人生的願望？

在她渴望死亡的背後，是源自於走出自掘墳墓的願望。她的痛苦告訴她：「妳的生活方式一直是種偽裝的死亡。」從某種意義上說，她沒辦法自殺，因為她已經是以一名亡者的姿態「活著」了。她感到絕望的感受並沒有錯，因為活在謊言中不會有希望。

在傾聽一名求死之人的心聲時，請找出原因。有些東西確實需要被終結，但要終結的不是那個人，而是這個人「踏進棺材過每一天」的生活方式。

死亡如何與我們對話？

有些人所尋求的死亡是可以被避免的，有些人則在試著逃避無可避免的死亡。心理治療師要如何與垂死的人交談？下面的角色扮演紀錄呈現出我是如何幫助困於諮詢工作的學生，她的個案是一名正被癌症吞噬生命的女子。她問：「我該怎麼跟她談話？」我們同意進行一場角色扮演，我擔任心理治療師，她扮演那名女子。

她開始說：「我會來這裡，是因為所剩時間不多了。」

「我懂，請問妳能接受嗎？」

「我還有很多事情想做。」

「然而時間不夠。」

「我不知道我還有多少時間。」

「我理解。」

「我眼睜睜看著自己逐漸消失。當我照鏡子時，我看到自己只剩半條命。」

「妳的生命快要結束了；我也理解這件事。」

「這好可怕。我不知道自己還能來這裡幾次。」

「我們都不知道，有可能這是最後一次。」

「不，不，不可以！我已經計畫好最後一次的巴黎之旅了，我下周還會來。」

「嗯。」

「我可能會突然死去。最糟糕的是，我覺得自己可能會活得像一棵用藥物餵養的植物。」

「這確實有可能。」

「這對我來說無法接受。」

「現實難以讓人接受。妳能不能接受自己無法接受生命原本的樣貌？」

「我無法接受多年來自己沒辦法依照想要的方式生活。」

「妳無法接受自己的過去，但過去就是如此；它不需要妳接受。」

她停了下來。「我突然覺得我可能很害怕。」

「妳能接受自己的恐懼嗎？」

「這很困難。」

「妳能接受因接納自己的感受所帶來的困難嗎？」

「我什麼都做不了。」

「不管妳願不願意，事實就在眼前。當我們面對死亡和妳的恐懼時，妳的感覺是什麼？」

「空虛。」

「當然。妳寧可放空，也不要被死亡、癌症和恐懼填滿。我們有一些療程可以幫助妳。妳想要我在妳的生命結束前幫助妳嗎？如果妳想躲在虛無的背後，那也沒關係。」

「我覺得肚子好痛。」

「它讓妳在面對死亡、面臨道別時感到焦躁。」

「這是我第一次正視它。這對我來說太難了。」

「妳是否能接受『讓死亡、現實出現』是很難的事？」

「我知道這些事情正在成形，但我直到現在才感覺到它到底有多近。」

「妳被死亡和感受填滿。我們仍擁有今天和可能的未來幾次機會，可以在妳離世之前一起面對這些感受。如果妳想在死前推倒這堵高牆，妳仍有這個機會。即使對過去感到後悔，仍舊可以安詳地死去，對現在不帶悔恨。只要這堵牆不存在，我們就還有機會，但這很痛苦。如果妳想和現實以及死亡對抗、想躲在空虛的背後，我會尊重妳的意願；當妳離開這個世界後，我會祝福妳和妳的回憶。」

「我一點也不空虛。我所擁有的太多，只怕自己沒有時間。」

「妳擁有當下，何必還要等？妳一生都在等待，等待造成了妳的遺憾。為什麼要製造更多的遺憾？妳願意趁自己還有時間、還有能力，在離世之前離開這座孤獨的監獄嗎？」

她哭著說：「這太可怕了，光想到這是最後一次就很可怕。這麼做的目的是什麼？為什麼要這樣？」

「我們可以接受妳希望不要有連結嗎？我們是否應接受妳希望與我保持距離並獨處的願望？我們能接受妳獨自死去的願望嗎？躲開我、並繼續當那位不被人所知的女子，一定是很重要的事。」

「不。我只想感受一次完全的接納和親密感，我很害怕這就是結束。這不值得。」

「妳想與死亡親密嗎？死亡與妳很親密。死亡就在妳的腸子裡爬行、正從妳的肝臟中爬過。」

「我再也受不了了。」

「妳能接受死亡嗎？」

「我別無選擇。」

「妳說得沒錯，因為死亡已經接納了妳。當我們為死亡騰出了空間，讓它待在此處時，妳感覺如何？」

「我不那麼害怕了。」

「當我們為死亡騰出空間，允許死亡與妳同在，也與我同在時，妳有什麼感覺？」

「它開始屬於我了。」

「妳的死亡。當妳接受自己的死亡時，妳注意到什麼感覺？」

「很奇怪，但很平靜。」

「無處可去、無事可做、沒有其他人，這裡就只有妳和我與死亡。」

「就好像它一直陪著我一樣。」

「死亡一直都伴隨在妳身邊，妳只是第一次發現它。當妳接受死亡一直與妳同在時，有什麼感覺？」

「平靜和解脫。我想也許我已經準備好說再見了。我想和這麼多人說再見，還有一些未完成的劇本，我想完成它們。」

「我們總是沒有處於結束的狀態。妳提到和妳的朋友說再見；在和妳的朋友說再見時，就是承認妳愛他們，他們很重要。」

「我對他們的愛比過去任何時候都多。」

「妳的愛充滿意義，它們對妳很重要，妳的愛現在很重要。」

隨著疼痛蔓延到她的臉上，她說：「好痛。」

「這種痛苦就是妳開始成長的源頭。」

「有太多要承擔的痛苦。」

「沒錯。」

「我想告訴你，現在一切都好了。」她說。我們的角色扮演結束了。

心理治療師不會提供我們洞察，而是邀請我們體驗真相，以讓洞察力可以從內在浮現。心理治療師不會告訴我們自己不知道的事情，而是告訴我們出自於自己內心、但不想獨自承擔的感覺。他們會以我們能夠傾聽、接受和共同生活的方式呈現事實。

CHAPTER

5

成為真實的開端

BEING THE OPENING FOR TRUTH

一旦放下謊言，我們就會對真相變得更加開放。但更重要的是，我們將透過開放性的心態來體驗自己。在我們體現開放性時，所看、所耳聞、所感覺、所聆聽的內容就會發生變化，隨著這些變化，存在於我們與真相之間的障礙就會消失。

將開放視為關注焦點

當我們對他人的關注消失、專注於自己的反芻思考時，我們就會遠離對話，甚至更遠離哲學家西蒙．韋伊的見解：關注是一種祈禱形式。[1]為什麼必須關注？關注在心理治療中的作用是什麼？我們會留意別人的觀點，以打破自己的成見。詩人歌德說：「人只有在自己認識世界的範圍內才會認識自己；他只會在這個世界中意識到自己，而且只在自己內部意識到世界。每一個清晰可見的新物體都會在我們內在開啟一個新的感知器官。」[2]

每次我們放下謊言，就會更接近真實。心理治療師切斷了防禦——思維習慣、習慣性評論、常見的投射、我們為了讓自己與親人隔絕所設的屏障

——因此，我們才能傾聽。我們對他們敞開心胸，而不是對「我們對他們的想法」坦然。我們絕不應將自己視為已完成、完整或被理解的狀態，而應將自己視為「不斷在發展、成長，而且在許多方面尚待確定[3]」。問題不在於與自己所否認的那個形象相比，我們到底是誰，而是對以前所拒絕的樣貌敞開心房之後，我們到底是什麼樣的人。

改變我！

我們寧願要求生活改變並對我們保持開放，也不願意選擇對生活敞開心扉、讓自己改變。母親會對孩子大喊：「不要這樣做！」遲交作業而被當掉的大學生威脅教授：「我要告你！」當生活沒有因我們的指示而改變時，我們可能會命令他人以改變自己，這也可能發生在心理治療的過程。

有位公司的執行長對她的治療師咆哮：「我不想有這種感覺，快施展你的魔法啊！」她像對待奴隸一樣對待治療師，認為對方應該滿足她的每一個需求。有時，我們希望心理治療師可以撒些神奇的魔法粉解決一切，治療師也希望自己是有魔杖的巫師——誰不想神奇地改變他人、消除他們的痛苦？

只有魔法師會試圖在不與你產生關係的狀態下改變你，在你與他之間應存在關連的地方，僅有一片空白。縱使沒有發生任何交流，他的存在改變了你，你的存在也改變了他。

魔法與愛是如此的相異！愛是危險的，它讓我們向他人敞開，剝奪我們的幻想，激發我們的潛能。我們願意讓自己經歷現實和感覺嗎？

為了逃避這種危險，我們要求他人改變，或要求他人改變我們，以阻止我們內心已產生的變化。當我們說出「我討厭自己現在的樣子」，或者對他人說出「請為我改變」，就已經在和自己一起著手進行持續永無止境的改裝專案。如果我們把自己和所愛的人從所謂「自我提升」的痛苦輪迴中解脫出來，又會發生什麼事呢？

這位執行長所下的「施展你的魔法！」指令揭露了她的問題——當她試圖操縱他人和人生時，她也希望被操縱。「請把我當成一個物體對待，不要把我當成一個人。請教我如何控制人，這樣就可以逃脫與他人親密交融的命運。」人不是我們可以隨意支配的資產；他們不是我們可以如願利用的所有物，而是可以飲用的泉水、值得珍惜的禮物和探索的奧祕。

我們不理想但很真實

一般來說，我們接受治療是因為想減輕痛苦，或想更深入了解自己。然而，我們可能希望治療、藥物或冥想會改變我們的體驗，而非去承受體驗。在最壞的情況下，我們甚至會希望能藉由將自己變成另一個人來治癒自己。

我們自己招來殘暴行為。一位企業家在苛刻、挑剔的父親的養育下忍受了很多痛苦，父親認為他從來都不夠好、不夠聰明和不夠成功，總是能找出各種缺點批評。

他在我們的療程結束時說：「我沒有對這次的心理治療感到失望。」

「你當然不這麼覺得。」我說。

他笑了笑。「是真的。」

「心理治療曾讓你失望嗎？」

「我不知道。我曾希望我們會有深度的情感體驗，就像電視或電影中會看到的那樣，我會回想童年記憶，然後讓童年記憶解釋一切。」

「我也看過那些電影，但我們不曾見過這種事情發生，不是嗎？深層情感會出現，但沒有新的記憶。」

「也許我對心理治療要求的太多了。」

我沒有點出他想要一名超級心理治療師（一如他父親想要一名超級兒子），反而說：「雖然你希望有一個超凡的結果，但這一直都是平凡的心理治療。」

他笑了。

「和這樣一位平凡的治療師在一起，你有什麼感覺？」

他笑了。「我想我對他人的期望很高，所以我會覺得失望。」

「我保證你在這裡會失望。」

他笑了。「也許我可以借用這個想法，這樣我就可以容忍別人對我失望了。」

「你當然也會很讓人失望！我都不知道你有這樣的天賦。」我開玩笑地說。

「我想這是不可避免的，不是嗎？」

「既然慾望是無限的，我們唯一可以保證的事就是失望。」

「我一直在努力避免這個。」

「你試圖成為每個人的一切，因此讓自己筋疲力盡，怨恨他們，但又想要罷工。」

他一生都在努力超越衝突，努力成為他認為旁人希望自己成為的人。雖然他們可能喜歡他所呈現的幻想形象，但他們無法愛他，因為他們從未遇過真正的他。

他希望父親能愛一個真正活在這世界中兒子，但父親卻愛著只存在於自己腦海中的理想兒子形象。這位企業家認為他必須變得更理想而不是更真實，因此，他試圖消除自己與父親腦海中理想形象之間的差異。由於無法活出父親腦海中的完美形象，所以他認為自己有缺陷，但事實上，他父親對完美的信念本身就是個缺陷。

「如果你的缺陷就是如此呢？你本來就不是理想的，而是真實的。」

與理想相比，我們總是會有缺陷。我們無法逃避自己原本的樣貌。這名男子從小就相信他應該去成為一個不是自己的人，然後再以一個理想的兒子形象回歸，才能被愛。他開始接受治療，試圖成為理想個案以取悅我；相反地，我必須幫助他做他自己，而不是我或任何人心中的理想樣貌。

我們降生在地球上並非為了成為繞著他人旋轉的衛星，即使他們希望我們這麼做。我們可以圍繞另一個人的自我旋轉、假裝自己是這個人，但我們永遠不會成為他。這位男子的父親愛上了一個理想、完美、從未出現過的兒子幻象。我們對於生活「該是什麼樣貌」的虛構想像，源於自身想像力所講述的故事，然而在此同時，真實生活仍不停迎向我們而來。

這個人需要接受自己的經歷，才能成為一個真實的人。經過心理治療之後，他發現自己只是一個普通人，如果繼續與那過於理想的幻想比較，他當然只會令人失望；我們的人性缺陷是不可能以任何方式抹滅的。

男子過去也試圖愛上他父親的理想，並怨恨自己，但忽略了沒有一個人是完美的。在愛中，我們向不完美的人性保持開放態度。從完美主義的角度來看，人性就是最不完美的。拿掉這層濾鏡後，我們就能對自己、他人和一切「不完美」的事物敞開心扉。

參與治療

為了保持開放心態，我們被告知要「活在當下」，但除了當下，我們還能在哪裡？即使我們迷失在白日夢中，也是「現在」正在迷失。我們往往只關注自己的故事，而非直視此時此刻。

精神學家比昂（Wilfred Bion）說：治療是一種信念行為，我們可以透過與當下的情感真相合而為一而轉變[4]。我們一直在探尋自己是什麼樣的人。不需要刻意身在當下，因為每一種感覺、恐懼和迴避行為都是我們當下存在的方式，**我們不需要與眾不同，只需要與自己共處**。

有名個案不得不與死亡共處。他帶著五歲的兒子到地下室時，發現妻子在那裡懸梁自縊。幾天後，他告訴心理治療師自己想尋死，這位治療師向我尋求幫助，由他扮演個案，我扮演治療師。

「今天你希望我怎麼協助你呢？」

他回答說：「我迷失了自我。」

「聽起來你確實有找到自我；你發現自己充滿了悲傷、失落、還有你妻子的遺體掛在地下室裡的印象。因為你找到了自我，所以你想拋棄自己。有誰想發現死亡？」

「我不敢相信她這樣做。」

「你無法相信她自殺了。」

「她總是出現在我的腦海中。我們結婚十五年，而且很快樂。現在我有時候會對她生氣。」

「當然。你氣她拋棄了你和兒子。要對所愛的女子生氣是多麼困難的事。」

「我不知道我還能活多久，我看不到自己生命的意義。」

「你的生命很有意義，但很痛苦，而你希望死亡能結束你的痛苦。」

他說的每一句話都告訴我們該往哪裡去。我們唯一需要的就是活在每個當下。他的焦慮表明我們需要從接納他的感受作為療癒歷程的開端。

誰願意接受死亡？誰想對自殺的妻子感到憤怒？當我們的愛人過世時，誰還想繼續活著？然而，生活總是在低語：「你會歡迎自己的這些經驗嗎？」

妻子自殺一事，讓這個男人所認知的妻子理想形象、自己的純潔形象，以及他們共同未來的影像全都隨之死亡。他很自然會想要用肉體的死亡，來逃避心理的死亡，透過這種死亡，他將重生，但會付出代價。掛在地下室橫梁上的不僅是與妻子肉身相關的記憶，還有他逝去的夢想。

從自由而來，還是往自由去？

迎接我們的感受、想法和夢想是一項艱鉅的任務，但如果心理治療師也一同歡迎它們，這件事情就會變得容易一點。接受我們的內在生活意味著接受一切，而不單是比較容易的部分（例如愛、快樂和幸福），甚至是必須跟我們的抵抗和拒絕合作。

一位男子懶散地坐在椅子上，描述來進行心理治療的目的。當我問他是否想努力時，他盯著天花板呻吟。

「嗯，從某種意義上說，我不想。我猜，我不知道自己是否願意承諾或能夠花費大量時間來處理我遇到的所有問題。」

在接受了他的不情願時，我注意到：「你不確定自己想要投下多少承諾。」

「是的。」

「我很欣賞你的直接了當。你可以隨心所欲地投入或不投入。」

「我猜我是想確認一下。我過往發生的某些事件，有機會在多年的治療之後獲得成果。我猜我並不想承諾在治療花費那麼多時間，但我希望確保自己能以真實的進步走出困境。」

他誤認為問題核心在於他是否應該接受治療。我說：「既然我們正在聯合彼此的力量，我們需要找出你願意對自己許下多少的承諾。」

他抬頭看著天花板，微笑著說：「多少的承諾——嗯，我猜這會很有趣。」

「你值得嗎？」

他輕笑著，再次抬頭看著天花板，頓了頓，說道：「嗯，我當然值得。」

「你這麼說的時候，有什麼感覺？」

他笑了笑，然後說：「這好像是一種行銷方式。」

「當你說你值得時，你有什麼感覺？當你這麼說的時候，觸發了內心的什麼？」

「一部分的我說我應該立即肯定，我值得。」

「當你說『我值得』時，你有什麼感覺？」

「我是否要花費大量時間和金錢的矛盾心理。」

由於他仍然困在錯誤的問題上，因此我解釋道：「剛剛的問題是，你想對自己做出承諾嗎？你對如何對自己做出承諾表現出矛盾，你一腳進、一腳出。」

「是，你說得也算對。」

「你對如何對自己許下承諾，以及自己想要什麼感到矛盾。」他移開視線，回答：「我不知道這是否是同一件事，但我內心正在編輯、審視很多的思緒。」

我們經常編輯內心的想法和外在的言論，以符合我們認為別人想聽到或我們想出現的樣子。但可悲的是，我們藉由自我編輯停止開放心態、不再傾聽內心想法。

「你值得被傾聽嗎？」

「我猜是吧。這很好笑。我不這麼認為。我猜這是我想對自己在發表的觀點和想做的事情有點信心。」

「你不確定自己是否想對自己做出承諾，無論是否是想編輯自己、傾聽自己，還是想要追求自己想要的。」

「是的。」

既然他還沒有承諾自己，我問：「你想拉住自己到什麼程度？」

他嘆了口氣。「我不是一個全然無牽掛的人，不能拋棄一切想要的事物。我猜，問題是：你怎樣才能做到對別人誠實、但不會覺得會毀掉對自己來說很重要的東西。」他的眼裡充滿了淚水。

「你對『誠實』和『害怕對他人產生影響』的感覺對我們來說很重要。我們需要盡可能誠實，如果你擔心我會受到傷害，我們就需要注意這一點。」

「不，不是那樣的，是『誠實』本身，」他停頓了一下，「希望我能更有自信。為什麼其他人的想法或感受很重要？」

「你希望你對自己更有信心嗎？」

他嘆了口氣，移開了視線。「當然。」

「自我懷疑會阻礙你嗎？」

「是的。」

「我猜你是自願來的，不是被任何人拖到這裡來的，對吧？」

「對。」

「你是依照自己的意願來的。然而，一旦你說想對自己做出承諾、並盡快擺脫困境以實現目標，你就會懷疑自己想要什麼。」

「是的。」

「你在和自己開戰。你想知道是否應該聽從自己的意見，還是應該聽從這些懷疑。」

「我不確定問題在哪裡。我很難知道我正在經歷的那種衝動是不是真的。」

針對他的困惑，我幫他區分自己與自我懷疑。「你懷疑自己太久了，以至於你不知道哪個是真實的你，是懷疑的衝動還是被懷疑的人。」

「這是一個可怕的想法。」

「你有什麼感覺？」

他笑著轉過頭。「我不知道。」

「慢慢來。這會引起很多情緒。」

「這很好笑。我和一些有自我意識、有足夠同情心的人談過，我知道自己有這些問題。這不像是一個可怕的啟示，但我的真實身分是什麼？我真正想要的是什麼？」

「如果你不想這樣做，我沒有權利要求你這樣做。」

「不，我並不懷疑心理治療的效用。」

「你在與自己交戰，想要對自己做出承諾，又懷疑是否要對自己做出承諾，因為我們決定是否應該要聯合起來對你做出承諾。」

他笑了。「你說得對。我在想：『老天，這可能是一段漫長的治療過程。』」

「如果你懷疑對自己許下承諾的效用，因此堅決抗拒這麼做的話，那心理治療你想做多久都可以，拖個二、三十年或四十年都不成問題。」我繼續說，他笑了，「如果你做了什麼讓治療不必要地延長，我們有義務確保不會發生這種情況。」

當治療師和我們共處而不要求我們改變時，愛就進入了這個空間。治療師可以描述我們的防禦措施以及它們造成的代價，但他們無法移除防禦措施。只要我們願意，就可以繼續維繫這些防護牆。這就是為什麼有些人會進行多年的治療，卻沒有任何改變。

治療師會無條件地接受我們的那道牆，因為他們必須面對事實才能有效。他們「全然接受我們的自我抗拒」會讓我們的自我拒絕出現質疑。當我們拒絕治療師時，他們會維持好奇、接受我們的拒絕、不要求我們接受他們。我們可能會第一次從內在體驗到對行動的渴望。

這位男子不想對治療或自我成長做出承諾，他認為自己正在避免長期治療的陷阱。事實上，他正在進入自我懷疑的陷阱，透過懷疑自己的感覺來尋求解脫。這是一個不可能的目標，因為我們永遠無法擺脫自己的模樣。

在我們的餘生中，將經歷焦慮、悲傷、憤怒、羞愧、愛和喜悅，就像雲朵飄過內心的天空。**我們的自由不會來自懷疑內心生活，而是來自於在「懷疑」經過時接受它。**

透過承受我們的情感流動，意識會將自己的感覺帶走、帶來能理解它們的事物。我們發現自己在感受出現時也是空白的，如在喧鬧時擁有寧靜、雲朵飄過的天空。

我們藉由防禦尋求擺脫情緒的自由，過著逃亡的生活[5]。我們渴望以從未有過的形式獲得自由：免於衝突、感情、生與死。我們在永遠找不到的地方尋求自由：我們的幻想。這名男子被自我懷疑所囚禁；他是一名孤獨的觀察者，注定要坐在生命之河的旁邊，卻永遠不會優游其中。

相較之下，我們確實有去愛和擁抱現實的自由。當我們停止逃避現實並擁抱它時，就會找到我們正在尋找的自由。

聆聽的危險

我們可能認為傾聽很容易，但實際上很難：在向另一種觀點敞開心扉時，都是冒著改變看待自己、他人甚至世界的方式的風險。為了防範因傾聽而被改變的風險，我們會進行「偽傾聽」，然後與人們爭論以改變對方。要是傾聽改變了我們，怎麼辦？哲學家海德格指出：我們之所以受苦，是因為忘記了如何傾聽他人或自己[6]。他說，我們之所以忘記自己的本質，因為忘記了如何傾聽。

一位女子在傾聽自己的聲音時遭遇困難，她會開始用飛快的速度說話、思緒紛亂、雙腳亂顫。「妳說話速度很快，」我說：「有注意到嗎？」

「我沒注意這個，但我想談點別的。」

「語速快是焦慮的表現。妳知道妳的身體現在感到焦慮嗎？」

「知道，但我想告訴你一些別的事情。」

「我了解，但妳有注意到自己是如何忽視焦慮，還要我也忽視妳的焦慮嗎？」她的眼裡噙著淚水，因此我問：「在話語的背後，妳的感覺是什麼？」她開始抽泣。

她只聽見腦海裡的碎語，不去聆聽身體內的焦慮，忽略自己和自己的感受。雖然不是出於有意識的要求，但她的言行依然是在請我忽略那個躲在令人分心的碎語背後真正的自己。

我們不想聽的除了自己之外，還有他人的意見。另一位女子描述了自己與丈夫的衝突，丈夫抱怨她總是在搶他的話。「我為什麼要聽他說話？我知道他會說什麼。」

她其實不會知道他會說什麼；她只知道她「以為」丈夫會說出的內容。我連自己會說什麼都不知道。我們所說的內容只會在說的當下出現，這就是我們必須傾聽的原因。即使我們所愛的人似乎很常重複相似的內容，但此舉有可能不是為了複述說過的內容，而是複述我們「從沒有聽進去的事情」——這證明了他們相信我們會願意傾聽。

這位女子聽從自己的信念，因此奪走丈夫說話的機會，對此她的丈夫可以理直氣壯地說：「妳沒有在聽我說什麼。」她接收到的，明明是自己投射到丈夫身上的思想，她卻誤以為自己聽到的是耳朵所接收的內容。她一直想像他的心思是封閉的。事實上，她是透過與自己的想法連結（而非與丈夫連結），來封閉自己的心思。如果我們的信念並非洞察，而是對於洞察的障礙，該怎麼辦？

一位心理治療師曾經手一個案例，她必須監護一位她認為精神狀況極度不穩的男子，但我找不到任何證據。這名治療師相信自己的觀點，持續展開她的行動，像猛禽那樣盯著獵物，尋找適當的事實當成「證據」，然後飛撲上去。她與個案爭論，試圖控制他、讓他服從她的投射：「你看，『那』就是你真實的樣子。」對她來說，個案的話就是必須被擊落的想法。聆聽成為了目標實踐的一種手段。

如要傾聽，我們就必須接受一個人是值得被傾聽的，我們不再排斥、爭論或支配對方。然後，我們可以臣服於「他人有不同觀點」的事實。當我們只看到自己的觀點時，會認為自己看到了全貌。

一位禪師打造了一個花園來說明這一點。當我們從陽台上觀看日本龍安寺的石庭枯山水時，從任何角度都只能看到花園內十五塊石頭中的十四塊。如果要看到第十五塊石頭，我們就必須移動，但移動後又會看不見某一塊石頭。藉由移動，就能了解到自己是無法從任何一個角度觀察到全貌。

當我們對另一個人的觀點敞開心扉時，對話的可能性會帶來下一個與傾聽有關的誤會——透過傾聽就能「了解」一個人。問題是，我們永遠不會了解一個人。事實上，我們連自己都無法全然理解。

如果有人說「我完全理解你的想法」，這表示她看到的是自己的投射，而不是你。她把「你本身」與「她對你的看法」畫上等號，但你永遠是不可知的。

當我們接受知識和觀點的局限性時，傾聽就會變成一種臣服。我們放棄自己已經了解、或「將能完全理解某個人」的信念。我們對他人的信念，會被揭露其實是腦海中的想像，只不過是看似美好但實為妄想的現實替代品。一旦我們意識到這些想像只是想像，就能對他人敞開心扉。

夏日開車出遊時，有時會經歷前方道路上有水在閃閃發光的錯覺，但隨著我們呼嘯而過，這些景象就會消失。這種體驗就像愛：幻想重複消失，讓我們可以體驗到我們所愛之人內心深處那個「不斷後退的地平線」[7]。

眼睛會創造視覺錯覺，而頭腦會創造情感錯覺。在心理學的世界中，我們看到的不是個體，而是我們對他們的成見；「成見」是對於防禦措施的一種委婉用詞。

防禦是我們扭曲、過濾、阻礙和解釋世界的方式，從中產生我們自以為的「真相」。雖然這在童年時期幾乎是一種適應性反應，但如果應用於其他關係上，只會帶來痛苦。舉例來說，如果替考試不及格找藉口，我就會把藉口誤認為是事實，無視「我書讀得不夠認真」的真相。如果妻子明明是因為我的粗暴對待而反抗，我卻選擇幫她貼上「太敏感」的標籤，來合理化整個情況。我只會看到自己的信念，無視自己的粗暴。

儘管我們忽略當前存在的事物，它其實無所不在，我們經常在這些視而不見的現實中跌跌撞撞：「為什麼我沒有通過那次考試？」「為什麼我太太又生氣了？她好敏感！」防禦將我們的目光從現實轉移開來，我們只看到不真實的東西，也就是心思所創造的幻象。如果我們要看到什麼是真實的，就必須消除錯誤觀念。

我們要求他人同意我們的觀點，而非坦然面對正在發生的事物，以避免面對與自己信念相矛盾的事實。我們認為，「如果有夠多的人跟我擁有相同的想法，我的信念就會獲勝」。我們為了這股決定權而努力抗爭，但毫無意義，因為在嚥下最後一口氣時，我們就會發現決定權總是在現實手上。

若別人不同意，我們就會爭論，而非傾聽。「不要用事實混淆我，我有其他的假設！」當我們期待、判斷和評估時，總認為自己在傾聽，將所聽到的事物與自己相信的內容進行比較。**當我們放棄期待、判斷和比較時，就會開始傾聽。**

消極的能力

我們在不知道答案的情況下度過一生。我們會成為誰？其他人的想法和感覺是什麼？當我們帶著恐懼面對未知，就會用錯誤的假設來填補空白。這種「理解」就是投射。

詩人濟慈提到了消極的能力[8]，也就是與我們不理解的事物相處、直到經驗讓未知事物浮出水面的能力。「不理解」就是汲取所有認知的井，這點在婚姻中表現得最明顯。

一名男子在我們的心理治療過程中，對妻子提出了貶抑的見解。我問：「如果我們來編造一些關於她的事情，你覺得如何？」

他嚇了一跳，笑了，意識到：「我經常這麼做。」他投射到她身上，以至於他看到的不是妻子，而是自己的投射。

我們只能推測他人，因為定義上來說，他們都是不可知的。投射到所愛之人身上，並不能照亮他們未知的內心生活。然而，就像早期的地圖製作者用神話般的山脈、不存在的城市和傳說中的特點來填滿他們對新世界的想像，我們創造了一本充滿幻想動機的精彩小說，目的是對其他人重現隱藏的世界。

在我們試圖理解另一個人時，很難承認「我不知道」，但用幻想填補空白倒是很容易。幻想是屬於我們自己，感覺就像事實；我們認為「如果我能感覺到，那一定是真的」。

我們生活在未知的環境中。我們是未知數，未來和股市也是如此。例如，因為無法承受股市的不可知，我們求助於非理性的樂觀主義者或悲觀主義者，即「預期股票價格高漲的人」和「預期股票價格下跌的人」，他們向我們兜售恐懼和貪婪，用虛構的故事欺騙我們。他們自相矛盾的幻想僅反映了自己拒絕容忍「不知道」的存在。同樣地，當我們無法容忍自己不理解另一個人時，就會進行假設。

一位覺得被他人言語中傷的中年婦女說：「我得告訴你，我不喜歡你說的話。你一定曾經對我不高興。你看起來很善解人意，但表面之下並非如此，我早該知道你就是跟其他人一樣。」

我對她做了什麼嗎？有的，就是我抱持不同的看法。她想知道為什麼我不同意她的觀點，因為無法理解我為何不同意，就認定我想傷害她。她用這個（有些微不同的）故事來解釋她擁有的每一段關係，總是把善歸於自己、把惡推給他人。我們可以稱此為她的無知模式，一種透過無視他人的未知，利用充滿敵意的動機，來填滿這些未知而產生的無知。一旦她忽略了「她不知道我的動機」這個事實，就會採取下個步驟：用她的假設填補空白。只要她謹守自己的信念就永遠不會看到我，這就是那些阻礙她學習的障礙。

她沒有透過生活和感覺來學習，而是試圖藉由「偽思考」來逃避體驗[9]。她的問題是來自於她「過去的理解」。為了學習，她必須「不認知」自己的假設，也就是試圖把生活、親人和我用想像中的謊言填滿。她可以選擇面對「自己不了解對方想法」的狀態，也可以把我塞進她的幻想中，然後覺得自己受困於一個扭曲、僅可預見恐懼的幻想。

我們可能會藉由「投射」逃避自己的感受，或將其投射到心理治療師身上，讓對方可以開玩笑地同意處在我們的問題被解析的位置。那麼，治療師也必須具備這種消極的能力，也就是與不可知的事物相處的能力。有一天，一名患有思覺失調的個案走進來說：「喬恩，我已經知道你的診斷結果了。」

「真的嗎？」我說：「是什麼？」

「性慾亢進（Satyriasis），對女性有無法控制的性慾。」他笑著說。

「哦，天哪，你是怎麼發現的？連我的分析師也沒有發現這點。」

他笑著說：「哦，這很顯而易見。」

「哇！這太尷尬了，我以為自己隱藏得很好。你覺得我的狀況還有希望嗎？」

「有，但需要大量的治療。」

我邀請他成為「我的」問題的治療師，問道：「你認為原因是什麼？」

「你小時候可能沒有得到足夠的母乳餵養。」

「你認為這就是我痴迷乳房的原因嗎？」

「是的。」他笑著繼續分析我的「問題」二十分鐘，直到他說：「好吧，我們已經花夠多時間談論與你有關的事了。我想談點別的。」

「沒問題，如果你堅持的話。你想談什麼？」

「我跟女性說話有困難。」

最開始的時候，他不需要我去解析性慾亢進其實是「他的」問題，而是需要我成為可以解決他問題的人，直到他後續可以在自己身上檢驗這件事。而我也必須有信心，在他將內在生活投射到我身上後，就會找到一種反思自己內在生活的方法。同樣我們必須要有信心，在自己還不了解他人時，只要願意面對未知，就能開始了解對方。套用哲學家西蒙・韋伊的話，要是我們填補空白（他人身上的神祕之處）的傾向是原罪呢？[10]

沒有信念和開放心態就無法理解另一個人，我們會假設、歸因和投射。一位女子抱怨：「我不知道我先生為什麼不想要有新房子。他沒有安全感，也很擔心債務，他在金錢方面是不理性的。」她暫時容忍這個謎，然後用自己的假設填補未知。危險在於她會對自己的觀念持開放態度，而不是開放地對待丈夫本人。

這名女子認為未知（丈夫不想要她想要的）是一個需要被解決的問題。她試圖用錯誤的答案來扼殺這個問題。如果這個問題其實並不是癥結所在，該怎麼辦？

伴隨著問題生活

我們不需要回答問題，我們只需要允許、體驗和實踐生活中的問題：「會發生什麼事？」「這個人是誰？」「我想要什麼？」倉促的反應會讓我們逃避能從中學習答案的生活經歷。如果我們不能忍受透過生活和感覺來學習，就會從思考過程開始撒謊，進而對我們的假設產生錯誤認知。

有位中年男子陳述他從女兒那裡收到的父親節賀卡，她寫道：「我真的超～級幸運能成為你的女兒。」

「這真是胡說八道，」他冷笑道：「她只是想和我一起去法國度假，因為我邀請了她。她是想利用我，才不是在乎我。」

「你有注意到自己是怎麼把她表達的愛變成垃圾，並且讓你自己變得很孤獨嗎？」

「愛？」他大吼：「她不愛我，她總是在生氣。」

「你既然拒絕了她的愛，難怪她會生氣。」

「我問她，『妳為什麼這樣寫？妳真正的目的是什麼？』然後她就生氣了。」

「你指控她不愛你，又要她反駁你的指控，自我辯護。對你來說，她的憤怒就證明了你的假設，但事實上，它是證明了這項指控會讓她生氣。」

「我難道沒有權力知道這些問題的答案嗎？」

「當你投射的時候，該由誰來處理你的投射？這是她的工作還是你的工作？」

他的頭垂在胸前。「我毀了她的生活。」

「你現在有什麼感覺？」

「我覺得不好。」

「那種不好的感覺是什麼？」

「罪惡感。無能為力。」

「我們無從改變過去。你所能做的就是承認自己曾做過的事情，道歉並修復傷害。」他的頭埋在雙手中，淚水順著臉頰流下來，肩膀在顫抖。

他的指控使他對女兒的愛視而不見，並將自己禁錮在一個幻想世界中，直到眼淚打開了雙眼。他用他的假設填補空白，要求女兒針對她不曾有過的動機和不曾採取的行動，提出說明和辯護。如果她和他爭論，她會輸，因為他堅持自己的想法，而且投射從不會將自己想排除的內容涵蓋在內。

他的女兒與其他人一樣，是他永遠無法完全了解的。他沒有選擇與自己不知道的事物相處，而是編造幻想、將注意力放在上面，對女兒本來的樣貌視而不見。他聽從腦海中的答案，逃避聆聽她的話，這代表他愛自己的想法勝過女兒。當我們選擇我們的假設時，就揭露了自己對真相的恐懼。

我們討厭「不知道」。我們因為討厭生活丟出的問題，便挖掘過去的問題所帶出的過去的答案。這位父親需要捨棄舊的答案，開始向新問題敞開心扉：我的女兒是誰？當他放下自己的假設，接受她、傾聽她的聲音時，就會開始了解女兒的真實樣貌。

不認識對方並不是個問題，而是一條路徑。當我們走上這條接受未知的道路時，我們會感到不舒服。然而，這種不適是來自生活的訊息，邀請我們去愛另一個人。

他認為自己應該有答案，但必須放棄他錯誤的答案，去接受和愛著他在女兒身上發現的那些不在自己理解範圍的東西。當我們對人保持同樣的開放態度、停止編造並接受我們所經驗的事物時，就能了解對方。

這位父親和我們所有人一樣，不得不接受他所恐懼的事，那就是「另一個人內心的未知」。**為了愛她，他必須理解女兒是一個謎，而不是一堆預測**。作家喬賽・薩拉馬戈（Jose Saramago）提醒我們：「我們內心有一些無以名狀的東西，它就是我們的樣貌。」[11] 擁抱他的女兒——那些看不見的、無以名狀的、不可知的——父親學會去愛女兒，而不是愛自己的假設。

當我們放下腦海中的錯誤答案時，就能面對人生問題。這位父親必須將女兒從他的投射監獄中解救出來，同樣地，我們必須接受自己的問題，無論是關於生命、一個人還是自己。這就如同將一隻鳥輕輕握在手中：「當我們用力握住，牠就會死去。」[12]

深度知識：前世

一名患有精神疾病的女子每周都會興奮地向我報告新發現。這個禮拜，她認為自己其中一段前世是埃及豔后；又過了一周，她發現自己是死於集中營的猶太少女安妮．法蘭克；周復一周，她描述自己不同的前世。她長期受精神疾病折磨，中間經歷失業、失去朋友和失婚的痛苦，因此這些關於前世的幻想無疑是她靈魂的慰藉。

有一天，她面帶微笑走進來，坐下後宣布：「我的前世是抹大拉的馬利亞。」

「哦，我一直都知道。」我回答道。

「你怎麼知道的？」

「妳洗我的腳時我覺得很不錯。」（編註：抹大拉的馬利亞為聖經中的人物，曾為耶穌洗腳，此處作者便是套用這個典故回應個案。）

她震驚地睜大眼睛，放聲大笑。

她因為覺得太痛苦、又沒有足夠的能力可以承擔，不得不逃避令人難以忍受的事實，退回到可以承擔的幻想中。透過遊戲，我加入了她的妄想世界，讓她有那麼一個瞬間，能和一個了解其妄想作用的人在一起，不會感到那麼孤單，彷彿一起承受令人難以忍受的失去。我們用超脫言語的方式，了解佛洛伊德洞察力的智慧：「妄想」是試圖挽回失去、永不可能回歸的事物。

後來，當她因癌末躺在安寧病房時，她說：「看吧，我跟你說過納粹在追捕我。他們知道我會生下彌賽亞，所以給了我癌症。」我含著淚微笑，放棄了我治療的野心，接受她的幻想，那是現在能賦予她意義的一條絲線，超越生命的宏觀想像是她面對死亡時，唯二可以抓住的護身符。另一個護身符則是我們之間建立起來的關係。

她的孩子們在葬禮上很感謝我的付出：「這對你來說一定很難。我知道她對你來說有多重要。」當時我以為他們把悲傷投射到我身上，但事實上，其實我把自己的悲傷投射到他們身上。這次的案例對我來說很不容易。她有她的錯覺、我有我的投射，我們所有人都對於生命的失去有所掙扎。有時，生命的死亡龐大到令人無法承受，心思便在壓力下崩潰。對我們當中的其他人來說，在幻想破滅的時候，自我定位就會消失，潛藏在那之下的自我就會浮現。

放手

我們可能會因為無法承受生命的失去，而用妄想來安慰自己。但，如果我們承受了失去，必然會經歷一種放手——不是我們可以強迫、有意識的放手，而是自然會發生。

有名女子感嘆：「我母親被診斷出患有癌症，醫生不知道她什麼時候會死，也許是幾天、也許是幾個月。我該讓她多吃東西嗎？但醫生說不會有太大影響。我該怎麼做才能讓她活下去？護士說我應該要放手，我應該要放開她嗎？」

所愛之人即將死去時，我們會想讓他們活下來，但無論如何，死亡都會降臨。我們不會知道該怎麼做，因為死亡勢不可擋。

很多書籍會告訴我們要放手，但我們不需要放開所愛之人，而是要接納正在發生的事情。一旦擁抱死亡，自然會產生放手，一如樹木接受冬天來臨，葉片落地。

我們並不需要放開所愛之人，才能換取讓死亡放開我們。那麼我們該放開的是什麼？握住棺木中親人的手，我們內心就會激起各種活動。他們的生命、我們對可能發生事物的渴望……這一切都從他們和我們的手中溜走了。我們不想放手，但他們冰冷的手指告訴我們，他們已經放手，並邀請我們放開不再留存於我們手中的東西。他們聆聽了死亡；我們能聆聽他們的雙手嗎？

不曾發生過的事情，現在當然也不可能發生。所愛之人還有呼吸時，我們對未來抱有希望；一旦他們死了，我們的希望也死了。然而我們不必放開他們，他們將永存在我們的心中。我們流下的眼淚和哭喊提醒了我們愛人的能力，這種能力在我們所愛的人過世後仍持續存在。

我們臣服於現實，但通常僅能勉強面對事實。我們的否認已經輸掉了對抗現實的鬥爭。我們不需要做什麼，也沒有所謂理想的方法。我們是悲傷的河流，有不可預測的曲折、源源不絕，直到我們的哀悼停留在容納四方的海洋中。我們不能推動水流，因為愛的流動就是我們自身。當我們流入自己的存在、並在安靜和靜止中休息時，就會意識到所愛之人給我們的最後禮物就是這個接納的邀請。

CHAPTER

6 接納

EMBRACING

為了療癒，必須接受我們逃避的真相和它們所引發的感受。我們接受的這些真相包括內在生活（我們的感受和焦慮以及逃避的方式）及我們的外在生活（事實）。透過接納，我們會發現自己的樣貌，以及在我們對自己陳述的謊言背後究竟是怎樣的人。

我嫁給了誰？

墜入愛河是一場美妙不已的冒險，但在幾年內發生了一些怪事——我們的伴侶變得不一樣、令人失望。為什麼會這樣呢？

以我為例，我愛上了一個幻想，隨著時間的推進，最後遇到了我的妻子。這可說是一場危機，因為我可能會對她和幻想的差異感到失望；我深信她應該要是與我的期望相同。可惜，沒有人點醒我：「喬恩，你什麼時候變成上帝了？」這導致我（和她）的痛苦都被延長。

後來我才意識到，如果我不能愛她本來的樣貌，就應該讓她離開，讓別人可以愛這樣的她。「成為我的理想對象」不是她該做的事情。如果我認為這很重要，我應該自己先達成理想中的狀態，我心想：「這也不可能。」

我向內探索，前往心中的離婚法庭，與我的幻想離婚。這個痛苦的過程持續多年，但只要我放棄自己的想法，就可以真正與我太太結為連理。在某種程度上，我愛我的願望更勝於她。我在自己的渴望中看到價值，但這讓我看不到她「缺陷」背後的內在美，這個「缺陷」就意味著與我的幻想背道而馳。

很多報章雜誌試圖教我們「如何成為完美的伴侶」、「三十四種讓配偶重燃愛慾之火的方式」、「如何重振婚姻」，但就是沒有文章會講：如果你試圖操縱對方成為理想的伴侶或床伴，這段關係就會消失。沒有專欄會提及當你只愛你的想法時，婚姻關係就會消失。

當我們深陷「配偶應該如何如何」的故事時，就會嘗試把這套劇本塞給他們：「你為什麼老是遲到？」「你不應該看那麼多電視。」「你為什麼不穿這件呢？」「你吃太多了！」我們會隨意又充滿憐憫地提供這些指示，並伴隨著對他們為何不遵守這些指示的深度觀察，而且時常以爭執的形式出現。我們的配偶意識到我們想要的是自己的幻想，而不是真實的他們，他們會因此感到憤怒。

例如我們說「如果你早點起床，就會更快樂」之類的話時，真正的意思是「如果你不是你，而是變成我希望你成為的人，我會更快樂！」偏偏不斷出現在眼前的是伴侶本人，而非我們的要求，於是我們會哀訴、悲嘆、抱怨，尋找書籍和文章來學習怎麼在婚姻中與配偶爭論。有沒有想過我們在對抗的是「現實」呢？爭執真能讓幻想中的配偶出現，讓真正的配偶消失嗎？

衝突會使我們與生活分離。我們其實並非與一個對象本身產生爭執，而是與他們所代表的樣貌起衝突。一位女子嘮叨丈夫在度假時吃垃圾食物。對丈夫來說，假期是享受洋芋片和巧克力餅乾的時間；對她來說，他不應該渴望垃圾食物，也不應該吃垃圾食物。

她指派自己扮演飲食糾察隊的角色，向他講解吃零食對健康的影響，有時候則用不悅的眼神看著他，並以自己的「自制力」為榮。「不要這樣想、不要這樣做」，她的這些言行只會讓丈夫退避三舍。她不再對真正的丈夫感興趣，而是對「丈夫成為她的幻想」感興趣：「不要成為我的丈夫，請成為我想要的理想中的男人。」如果他無法成為她心目中的伴侶，她就不得不放棄心中那個完全根據以她的喜好打造的幻影。由於無法愛上自己真正擁有的男人，這讓他們的婚姻生活變得悲慘。最終，丈夫意識到妻子此舉無疑是在向他提出離婚申請，所以便讓離婚成真。

為什麼出現在眼前的是配偶，而非我們的願望或幻想？我們必須放棄願望嗎？我們必須與現實連結，並嫁給這個不完美的人嗎？婚姻意味著我們必須與幻想分享，擁抱我們結婚的對象——這個對象永遠不會成為我們幻想中的人。

愛是投射嗎？

什麼是愛？我們可以將愛簡化為性本能、自利或正向情緒。然而，如果我們只認為性吸引是真的，那麼愛本身就會變得不真實。如果愛是不真實的，那麼我們在愛人身上看到的特質，就只是我們的投射，真是這樣嗎？

我們是否透過在Match.com這樣的交友平台上比較各個產品、挑選我們所愛的人？如果我們將約會視為交友市場、將人視為商品，就會四處尋找最棒的交易（看誰擁有最好的特質組合），然後從虛擬貨架上挑選一個人。但，選擇產品不等於愛一個人。愛透過無法言喻或描述、僅能感受的東西吸引我們，那就是他人身上所帶有的差異性。

相較之下，自愛（Self-love）缺乏愛所擁有的超越維度重要特質：窺探一個人的內在價值，並回應對方內在美的能力。例如，有名女子把她的自愛誤認為是對丈夫的愛。一旦有人侮辱丈夫她就會生氣，但不是因為他們傷害了丈夫，而是認為他們傷害了「她」，因為她認為丈夫是自己的延伸。

一位有愛的女子不會只專注於自己的反應，而是會對丈夫的痛苦感到同情。事情與她本身無關。她很清楚地看著丈夫，不需要將自己投射到他身上。她不需要說服自己愛他，因為她情不自禁就會這樣做。

她對他的愛是一種感覺嗎？感覺會根據觸發它們的原因出現和消失。感覺是一種心態，不過，愛更持久。雖然我們在內心感受到愛的波動，但這些波動不是在天空中轉瞬即逝的雲彩，而是永存在海洋中不斷變化的潮汐，表達了我們所身為的愛。

愛不僅僅像是我們在熱水澡中發現的快樂，畢竟沒有人會與浴缸結婚。我們可以將愛簡化為需要、願望或性慾，這些形式的虛幻之愛是基於我們內心的渴望，而不是對我們所愛之人內在美好的回應。如果對方僅只是能夠滿足需要，那就是我們利用的對象，而不是我們所愛之人。

滿足需要就像喝水解渴，這會降低我們對水的興趣，終結我們對水的行動。然而，愛增強了我們的敬畏感，使我們更接近自己所愛的人。對食慾的滿足是有限的，但對我們所愛之人奧祕的探索之路是無垠的。

在被問到為什麼愛自己的配偶時，人往往會變得緘默。像「親切」和「甜美」這樣的答案可能不假，但不夠完整；我們無法以這些片面細節囊括配偶的珍貴之處。

愛不可言說、甚至不可撤銷，因為當你愛一個人時，就不再是一個單獨、對所愛之人「做出」愛的個體；相反地，你會感受到一股愛的暖流。當你停止將所愛之人視為心中的一個對象、一個事物或一種類別時，就會出現一股愛的暖流。對方就是對方本來的樣貌，與你所有的想法分離。你愛的是他們本身，而不是愛著你希望對方成為的幻想；他們愛的是你，而不是你要求他們愛上的幻想。**你們彼此就是一個謎愛上另一個謎**。那些對愛視而不見的人，永遠不會觸碰到對方所代表的謎，因為他們追逐的是自己想要的幻想。

有名富豪前來接受心理治療，想藉此向妻子表明自己有意解決導致他婚外情的問題。他對妻子撒謊，說自己對她忠貞不渝，同時又對情婦承諾自己會離開妻子。他在療程中提出的問題是，他想讓情婦開心，這樣讓她不會向他的妻子揭發這樁婚外情。對他而言，女性是可以被購買、使用和丟棄的物品——每個人都是商品，每個人都貼有標價。

這樣的人無法看到手段和目的之外的任何東西。他的二維世界中沒有犧牲、相遇和奧祕，而是被自己的幻想所困，不再活在真實世界中。他把自己與現實分開，妻子和情婦都是可以利用和擁有的物品，而不是用來愛和珍惜的人。

他不允許妻子或情婦成為她們自己的樣貌；反之，他要求對方成為他希望對方成為的人。他認為妻子應該接受、滿足於他的不外遇承諾，情婦也該滿足於他的結婚承諾，也就是說，他傳達出的訊息是：「專心聽我的話就好，別管我實際上怎麼做。」

他無法將這些女人當成人看待，她們僅是可以利用的東西。他沒有意識到，當我們將人視為物體時，就是在與幻想連結。只有當我們所愛的人不再是心中的幻想時，他們對我們而言才會變得真實——此時，愛才會萌芽。

所愛之人的內在美才能讓愛喜悅。這種內在美會向我們呼喚，我們會對這些言語永遠無法掌握的深層事物做出回應；言語只能指出方向。所愛之人的內在美會喚起我們的愛，而愛又帶來更多的美。正如神學家希爾德布蘭（Dietrich von Hildebrand）所言：「另一個人身上閃現的價值刺穿了我的心，讓我對他產生了愛。[1]」

當我們把所愛之人視為珍寶時，別人可能會說我們被愛蒙蔽了雙眼、珍視的只是一種幻覺。愛不會產生價值幻覺。「貶抑」剝奪了一個人的價值，並將由此產生的無用幻覺視為真實。有趣的是，貶抑是一種異化的愛、對幻想的愛。貶抑者想要貶抑某人，並與被貶抑的對象產生連結，他偷偷地依附於這個破壞性的形式。他因為愛上幻想，變得無法看到別人的內在美，因而承受著一種精神上的盲目。

相反地，當我們愛著所愛之人時，並不是愛著自身心中的幻想，也不會為了被愛而塑造一層假象，更不會執著於要讓所愛之人「因為被我們愛著而愛慕我們」。在愛中，我們和所愛之人就是愛本身。我們從內心深處做出回應，而非從我們的假象做出回應。

在愛中，我們自己不是焦點。正如作家沃爾夫（Robert Wolfe）所問的：「當紫丁香釋放香氣到空氣中時，當梨樹盛產時，當雲雀會好奇地鳴唱時，他們是與誰相愛？[2]」。我不是他人的「愛的給予者」，他人也並非「接受者」。說「我希望你愛我」的意思是「你是一個可以滿足我慾望的個體」；將人視為與自己分離、必須被征服的對象並不是愛，而是妄想。

在愛中，我們不再尋找自己和對方的幻象，而是實際的存在，因為這些幻想在愛中消失了，如同溶解在水中的方糖。在愛中，沒有給予愛的人或被愛的人。我們的真實樣貌超越了區隔彼此的想法。我們與愛不會分離；幻想中的分離是思緒的產物。愛是投射嗎？不，貶抑才是。

為什麼我們會憤怒地大喊大叫？

有名印度教聖者到恆河洗澡，發現岸邊有一家人在大喊大叫。他轉向弟子，微笑問道：「人為什麼要互相怒吼？」眾弟子想了想，其中一個人說：「因為我們失去冷靜，所以喊叫。」

「當別人就在你身邊時，你為什麼需要大喊大叫？」聖者又問道：「你可以輕聲說話。」他的弟子給了一些答案，但沒有一個令人滿意。因此，他解釋：「當兩個人彼此憤怒時，他們的心就會變得疏遠。為了克服這個距離，他們必須大聲喊叫才能聽到對方的聲音。他們越是憤怒，就越需要大聲喊叫，才能在越來越遠的距離聽到對方。當兩個人墜入愛河時會發生什麼事？他們情話綿綿，因為兩人的心是如此靠近，之間的距離要麼很小、要麼根本不存在。」

聖者繼續說：「當他們更愛對方時，甚至不需要說話。當兩顆心合而為一時，凝視對方的眼睛就足夠了。當你跟人起爭執時，不要說出把對方逼走的話，否則終有一天，距離會遠到讓你找不到歸途。」[3]

我們大喊大叫的對象從來不是對方本身，而是我們放在他身上的幻想，例如，一個不想聽我們說話的人的幻想。雖然實際上他的耳朵好得很，但如果我們假設他不想聽到我們的聲音，就會對自己的幻想大喊大叫。我們對我們認為不想聆聽自己的人大喊大叫，卻忽略了其實是我們不想聆聽對方，因為如果我們聽了，我們就不會對對方大喊大叫。

關係認知

在一次治療過程中，個案描述自己與女友發生性關係時，幻想著另一名女子。當我們仔細探索他的問題時，他又說道：「誰知道呢？也許她們在某個地方見過面，世界上什麼事都有可能。」

「你對她們做了推測，並創造幻想好讓我們對此產生連結。你讓我們與你的想法交流，但你本人並沒有跟我一起處在當下。」

「就像我對她所做的那樣。」他指的是他在與女友發生性關係時與心中幻想的女人做愛。

與他的幻想做愛，分散了他對女友的愛的注意力。他並沒有透過做愛這個行為使兩人間的隔閡消失、產生更大的親密感，而是用想像力將自己與她的擁抱分開。他的確與許多女子發生過性關係，但沒有和任何一位做過「愛」。身為生活中永恆的浪人、愛中的觀光客，他從來不敢以任何一顆心為家。

我們可以把另一個人視為外於自我的觀察對象，又或者，可以選擇向一個神祕之人敞開心扉，一個我們不再與其保持距離、永不可能完全理解的人。我們無法將一個人的本質轉化為我們所思考的事物。

人不是一片靜止的塑膠，而是活生生的、不斷變化的存在。當我們愛一個人時，我們會與我們認識的人、將要認識的人和永遠不會認識的人產生連結。她不是一塊任由我們根據幻想捏塑的黏土，而是一個與我們交流的人。

當我們將自己與一個人隔絕時，我們會堅持自己的信念，執著於此，並聲稱：「這就是你的樣貌！」我們不再探尋這個人的真相，而是耽溺於我們對他的看法。用我們的想法「抓住」一個人，就像用蝴蝶網捕風一樣徒勞。相較之下，愛會不斷打破我們試圖包藏一個人的概念，揭露這個人的模樣其實超出了我們的想法和信念。當我們與自己所在乎的人變得親密時，就會開始尊重他們的超越和神祕。

在療程的後期，這名男子在與我交流情感的親密時刻，感動得流下了眼淚。他說：「這很奇怪，我內心說不出話，我不知道這些眼淚是從哪裡來的。」

「這個無言的沉默就是你。」

「我從未有過這種感覺。」

「這就是家。你可以停止流浪了。」

「我開始懷疑這是否是真的。」

「心思會懷疑現實，但真實的你永遠存在於這些嘈雜喧譁背後。」

藏在他虛假的認知之下的是他自身難以言喻的存在。我們與他的沉默相處，直到他說：「我什麼都說不出來。」

「你的眼睛告訴我們，你的雙唇無法言語。」

男人的淚水暴露了話中的含意、想法和標籤。在這種開放狀態中，他開始意識到那些想法並非自己，而是感知到這些想法的覺察。心理治療幫助他注意到自己以前沒有意識到的一處內心空間。

若絕望使我們對大家與生俱來的潛力變得盲目，實在是很可悲。如果我們無法與未知連結，就將永遠無法了解另一個人的潛力。我們無法保有期待。

一位接受培訓的治療師感嘆道：「我在學校和診所的老師說，如果對方太老、太虛弱、太病、太不安，或吸毒和酗酒，他們就無法從心理治療中得到好處。如果一位老人向我尋求幫助，我得告訴他，心理治療無法幫助他。」有人遞來一把槍，要求她扣下扳機，成為希望的殺手。

心理治療師無法預先知道治療是否能改善我們的生活。一個好的臨床心理師不會根據自己的預測，而是根據自己探索的結果做出決定；他會與我們交談，發現我們在自己身上看不到的東西。

美國詩人艾蜜莉．狄金生曾如此提到關於希望的細膩特質：「希望鑲著羽毛。[4]」讓人活下來的脆弱藤蔓永遠不應被碾碎。在心理治療中，我們不僅接受個案在自己身上可以看到的東西，同時也接受他還看不見的東西。透過這種方式，我們將自己的信仰和希望延展。

酗酒、精神分裂症、邊緣型人格和智能障礙是類別和診斷，但這些標籤背後的對象究竟是誰？心理治療師從不治療診斷，而是治療心碎，這其來有自。有一次，一位實習醫生驚慌失措地衝到我的同事面前，求她讓一位女子回醫院。這位患有慮病症（譯註：Hypochondriasis，患者常過度憂慮自己是否罹患重大病症，而重複求醫；有時亦會合併焦慮或憂鬱的情況）的個案曾在一周內，要求實習醫生幫她進行三次檢查。實習醫生告訴個案，他會詳細檢查以確保她並沒有心臟病，沒想到她哭著跑出診間。

我的同事打電話給個案，邀請她到醫院進行諮商。她與個案交談，並在病例中注意到一個重要真相：個案的兒子在一年前遭到謀殺。她對個案說：「妳的醫生沒有發現到妳不是心臟病發作，而是心碎了。」個案進入治療階段並取得快速進展。隨著兒子的離去，她沒有人可以寄託愛，因此藉由在醫院做志工來滿足她「慮病症」的需求，她在那裡送書、與病患閱讀及交談。病患成了她的兒子，醫院成了她的家，直到治療師幫助她修復了她破碎的心。

我們最不需要的就是心理治療師來強化我們絕望的病態信念，而是需要一名導航者，幫助引導我們走向現實的希望。因為，即便治療師無法提供最大的希望，他們至少可以為我們指出我們的最大的可能。

當我們對自己失去希望，就會被看不見的防禦、無法識別的謊言蒙蔽雙眼。無論多麼合理化的絕望，都代表拒絕與隱藏在病態背後的可能進行連結。發現隱藏在後方的本質，是傾聽的藝術和天賦。如果我們放棄並忘記另一個人的本質，希望就會消失。

心理治療師幫助我們找到通往新可能性的道路。無論我們如何限制自己，他們都會看到我們如何超越這些限制。這一刻的絕望只是一小部分的自己，因為我們的其餘部分都活在自我防禦之外。治療師對我們的信任代表看到了我們自己看不到的東西：超越自我盲目的真實樣貌。

心理治療幫助我們看到自己是誰，以及存於我們的自我形象之外的浩瀚。當我們從幻想中解放出來時，就能瞬間看見自己是誰，並承擔下傾聽自我內心深處的工作。

內在洞察還是外在觀察？[5]

關係認知不同於認知思維，這就是為什麼人經常質疑認知洞察的價值。如果這些洞察如此有用，那麼自我成長書籍早就治癒了這個世界。

當我們對他人有理性洞察時，就會像談論一般事物那樣談論他們。這不是真正的心理治療，而是需要真正的心理治療來解決的阻礙。要是有人邀請我們塑造這種疏遠的關係，該怎麼辦呢？

我注意到一位曾以讓女人包養維生的男子一直與我保持距離，於是詢問他是對我產生了什麼感覺，才會想設下這個障礙。他回答：「我不知道。」

「你用說『我不知道』來迴避，但這樣一來，我就再也無法遇到真正的你。你對我產生什麼感覺，讓你想要躲著我？」

「我不知道。我的意思是，我是可以丟出一些東西給你。」

「是沒錯，但你就會變成了心理上的小白臉——『也許喬恩想聽聽這個，或與那個有關的事情』。然後，我們就會建立起跟你過去那些女伴相同又具破壞力的包養關係。是什麼感覺讓你立起這個心理小白臉的屏障？」

「我猜，可能有很多感覺。」

「有注意到你是如何採用觀察者立場的嗎？你處於這段關係之外，看著我和一個掛著你名字的男子互動。你處在治療之外、觀察它，這讓你在人生中一直是個觀光客，總是在外面看著。」

他的眼眶滿盈著淚水。

「是什麼感覺讓你躲藏在疏離觀察者假象的後方？」

「我想我經常這麼做。我維持觀察者、審判者的身分。」

這個人與周圍的每個人（甚至是他自己）保持距離，過著一個疏離觀察者的人生。他沒有感受自己的感受，而是花一輩子的時間與它們分離。他重複他人提供的洞察但沒有效果，這些洞察就是「外在觀點」。

我們從父母、老師和朋友的不同洞察，開始了心理治療的歷程，這些想法可能會淹沒我們內心的聲音。這些洞察並非來自內在理解，而是來自外在觀點，源於外界的看法。當其他人關注自己的意見、而非我們的感受時，就不會聆聽我們的樣貌，創造出所謂的外部觀點。如果我們聽取他們的意見，就會對自己充耳不聞。

我們如何才能傾聽自己的聲音，讓真正的內在洞察成為可能？我們用耳朵聽，但這還不夠，我們需要全心全意傾聽。在這種歡迎的開放態度中，我們不是要弄清楚真相；我們透過承擔自己的感受來與其共存，而非急著轉換成言辭、不成熟的簡化陳述或新的謊言。

在傾聽自己感受的同時，我們能接受它們的訊息嗎？我們藉由承擔自己的感受，終於能說出來自內心深處的話。這個任務可以總結為：「聆聽思想背後的事物，聽見那些『無所不知』的人所聽不到的事物。」

心理治療中的連結是什麼？

為了要了解心理治療，我們必須探問心理治療師是與誰連結？症狀列表、診斷、還是人格障礙？不，治療師是與隱藏在症狀下的人產生連結，這些症狀是由於他與內心生活分離所引起的。

接著，治療師鼓勵我們解除分離狀態、擁抱我們的感受。在使用防禦措施多年之後，我們忘記了自己的慾望和激情。下述的女子所慣用的方式就是自我忽視的代價。她提出自己與男友的衝突，但說：「我不想關心這件事。」

「妳提出問題，但卻不想關心。這就是妳忽視自己的方式嗎？」我問。

「我覺得沒那麼重要。」

「妳不認為『自己』很重要。妳忽略了妳的問題和妳自己。」

她的臉上閃過一絲悲傷。「我懂了。」

「妳有沒有注意到妳是如何讓我也忽視妳的？當妳忽略自己的問題時，妳要求我忽略妳、並說，『妳不重要。我們可以趕走妳。』為什麼會這樣呢？」

她流下眼淚了，開始自白。「我很習慣這樣，我一直對男人這樣做。」我們自我忽視並稱之為力量，但它是自我仇恨。這位女子讓我忽略她，並延續她與男人的輕蔑關係。她試圖忘記自己的存在，並要求我也這樣做。當我拒絕與她的自我忽視罪行勾結時，她的情感浮現、用新的聲音說話。心理治療師不僅會關注我們所說的話，還會注意我們在說話之前如何傾聽自己的感受。我們能否承擔自己的感受，讓我們的話語充滿內在事物？當這位女子承擔了自我忽視的痛苦時，出現了洞察：「我一直對男人這樣做。」

當我們在此刻用過去別人對待我們的方式來對待自己

當我們接受心理治療時，會帶出自己痛苦的歷史——有時是言語，有時是我們對待自己的方式。如果別人在過去傷害了我們，我們就經常會在今日以無形的方式傷害自己，使我們的痛苦延續到現在。治療師會發現我們微妙的自殘方式，不會對於過去進行祕密調查。反之，他們點出我們現在是如何傷害自己。

一位女子表示被我對她所說的話感動，以下是我們第一次會面時的摘錄。

「當妳讓我幫助妳時，妳注意到什麼感覺？」我問：「妳剛從藏身處現身。」

她嘆了口氣。「我怕我會開始哭。」

「為什麼不能哭？哭比焦慮更好，不是嗎？」

「對。這非常觸動我，在那一刻我想的是：『我從沒遇過願意聽我說話的人。』」

「那妳願意讓我看到妳的眼淚嗎？」

「我不會再哭了。」

當治療師看到我們如何拒絕自己的感受時，會針對我們對自己施加的殘忍做出評論。他們既不會與我們的逃避蒙混合作，也不會因此而批評我們。相反地，他們會帶著同情心點出我們是如何造成自己的痛苦。

「妳還是想維持焦慮嗎？為什麼要對妳的眼淚如此殘忍？難道它們不值得被愛嗎？妳的眼淚要被拒絕多久？它們什麼時候才能回到家裡？它們在外面一定很冷。妳的眼淚還要在寒冷中忍受多長時間，才能重新回來？妳不必擔心我會拒絕妳，我們必須擔心的是妳拒絕自己和自己的眼淚。」

「我的想法是，我們應該談論一些重要的事情，而不是哭泣。」

「妳的想法是妳應該跳過眼淚並忽略它們，但我知道妳來這裡不是為了忽視自己的痛苦。」

她的臉龐充滿悲傷。

「讓痛苦經過妳吧。」

「當我開始哭泣時，我怕眼淚永遠不會止住。」

「當妳決定不再哭泣的那一刻起，哭泣就永遠不會停止。這就是為什麼妳必須讓眼淚流出來，這樣它們最後才會停止，妳的痛苦才能結束。」

「也許我會讓自己哭泣，但我把它阻斷了；我阻止它。」

「妳止住了眼淚，阻斷了自己。妳拒絕自己和自己的眼淚。這樣子拒絕自己，妳不會難過嗎？為什麼要延續妳的痛苦？為什麼拒絕妳的痛苦？那個悲傷的女孩什麼時候才能回到妳的懷抱？讓眼淚流吧。」

她抽泣了幾分鐘。

「我現在的想法是：『天哪，我正處於消極中、哭泣。』」

「那就會有更多痛苦。不要懲罰自己；不要批評自己。讓痛苦宣洩出來。妳不必再把它藏起來了。妳有能力讓妳的心得到治癒，就是這樣，還有更多來自於此的事情。太多痛苦、太多折磨，讓它宣洩出來，這是妳來這裡的原因。」

「我很羞愧。」

「唉，太可憐了！妳在最痛苦的時候，還在用語言攻擊自己。請不要那樣傷害自己，妳已經受了太多折磨，別再增加妳的痛苦。現在不是羞辱自己的時候，而是同情自己痛苦的時候。現在不是對妳自己殘忍的時候，妳不需要更多折磨。妳因為揭露自己的痛苦和悲傷而試圖懲罰自己，這是多麼令人難過。請不要退縮。」

「事情總是如此。」

「妳總是因為讓自己親近另一個人而懲罰自己？」

「首先，我聽很多人說我把每件事情都做得很難看、太超過了。我說話誇大，還會編造故事。」

「他們因為妳揭露自己的痛苦而懲罰妳。」

「任何事情，甚至是為了快樂。」

「妳過去只因為讓情緒有活路而受到懲罰。」

「嗯。」

「放手去哭吧。現在可以好好過日子。請讓自己活過來，是誰批判你的情緒呢？」

「爸爸媽媽，他們兩個都是。」

「妳是從他們身上學會懲罰自己的嗎？」

「事情就是這樣發生的。」

她不需要告訴我她被忽視的歷史；她透過不理會、忽視自己的感受的方式重現這段歷史。首先，我必須幫助她看到並擺脫她自我忽視的習慣，讓悲傷和痛苦浮起並療癒她。接著，我們可以面對她對於施虐父母的感受，尤其是她轉向自己的憤怒。她一直保護自己的幻想，認為他們都是好人、自己是壞人。透過這種對自己的悲劇暴力，她揭露了她對他們一如既往的愛，但是是以自己的幸福為代價。

一旦她面對這些來自深處的感受，她的憂鬱症就能第一次得到解脫。隨著放下對自我的忽視，她的自我同情心逐漸長成，這種同情心不僅會延伸到她自己，也會延伸到她的父母，特別是她的兒子。在她的感情深處，過去的批判、想法和侮辱都消失了。她意識到自己對自己的誤解，遠比父母對自己的還更多。現在，她讓父母處理他們自己的問題，而不是把他們的問題當作自己的牢獄。

我們所說的謊導致我們的失敗

「心理治療都是胡說八道。」有位男子是這樣開啟與我的諮商時間。他已經接受了三十年的心理治療，完全沒有從中受益。在長年的失敗之後，他的治療師將他轉介給我進行諮詢。個案說他會來是因為他的治療師送他來，並補充：「我懷疑你有能力做什麼改變。」當我們探討之前失敗的原因時，他說自己百分之九十九已經放棄心理治療。但在我問他為什麼還過來的時候，他說：「希望永存。」我問他是如何體驗到這種希望的？他說：「我不曾體驗過。」然後告訴我心理治療都是胡說八道，心理治療師都一派胡言。在此同時，他說：「我困在監獄裡，坐以待斃。」

這段矛盾的陳述在我發現他是來尋求幫助的時候，開始變得有道理，但他採取被動的姿態，等待被朋友、女友和治療師拯救。他站在自己的角度，要求別人表達希望和渴望，並為他承擔責任。當對方嘗試這麼做時，他又反對他們、提出爭論並擊敗他們。與其點出他的希望和他對自己的渴望，我必須先回顧他所缺乏的希望和渴望。以下互動摘錄呈現出我們是如何說出真相並接受的。

在療程開始時，他對我表現出鄙視的態度，認為我不過是另一個不會有任何幫助的「廢話心理治療師」；另一方面，他又想要我的幫助。由於他害怕如果自己信任我，我就會貶低他，所以選擇貶低我和他自己。舉例來說，他會用絕望、無助、一文不值和醜陋來描述自己。

我問：「這種自我批評會不會是你對自己的一種暴力？」

他眼眶泛淚。「我從未這樣想過。」

雖然他耗盡一生都在攻擊自己，卻從未想過這是對自己的一種施暴，這項前所未有的發現讓他大吃一驚，認知到對自己的殘忍，讓他一度感受到自我同情。

「這種對我的蔑視無關個人，這只是一種你向我呈現你如何蔑視自己的方式。」他聞言再次抽泣。然而，在他對自己遭受的暴力感到悲痛之後，又開始惡毒地攻擊自己，並對我提出的每一項建議都認為毫無價值、置之不理。

最後他說：「我想放棄。」

「如果你的故事對你有用，你也認為自己醜陋、絕望並且堅信這點，那麼放棄是合理的。」

「治療幫不了我，但總有一線希望。」他呆板地說。

「你聽起來不抱希望，看起來也不抱希望。」

「希望總是不滅。」

「你似乎確信自己是對的。如果是這樣，最好的辦法是放棄希望，等待結局。」

「對，可能吧，但我的意思是這是唯一的方法，所以我接受心理治療。除了錢，我還能失去什麼？」

「你要求自己做一些你認為沒有幫助的事情。為什麼要浪費你的錢？」

「也許我找錯了治療師。」

「你一直都可以四處尋覓。」

「尋找沒用，根本沒有選擇。」

「那為什麼還要找？」

「還是有一點點希望。」

「你聽起來不抱希望。你看起來不抱希望。」

「我不這麼覺得。我希望有希望。」

「在某種程度上，治療在開始之前就已經被打倒了。」

「應該就是這樣，沒錯。」

「沒關係，我沒辦法在所有人身上取得成功。」

「閱讀你的著作會有幫助嗎？」

「這與是否放棄有關。如果你已經放棄了自己，為什麼還要嘗試？」

「我還沒有完全放棄。」他消極地說：「請不要問我是怎麼體會到這一點的，我不知道。」

「你確定你沒有放棄？」

「我有百分之九十九的把握自己已經放棄了。」

「我可以接受。你必須有充分的理由選擇放棄。我無權針對你已經深思熟慮的事情跟你爭論。有一定體會的人會了解他們必須接受自己的命運。現在可能不再是希望的時候了，希望的時刻可能已經過去。」

「我不知道你在玩什麼花樣。也許你的意思是，既然沒有希望，為什麼不放棄然後停止接受治療。也或許你不是這個意思。」

「你已經百分之九十九放棄了。」

他插嘴：「你是在扮演假意唱反調的人嗎？」

「不。我只是在反映現實。如果你已經百分之九十九放棄，卻還在等治療師為你負責、讓你變得更好，你是在浪費時間。」

他以為我想跟他玩花樣，沒有意識到他對自己說的謊言已經欺騙了他三十年。

「我已經這樣三十年了。」

「你已經這樣三十年了。你做過的事情都不曾帶來改變。如果你繼續這樣做，什麼都不會發生。你需要做一點不一樣的事。如果你已經百分之九十九放棄，只等治療師承擔責任，那是行不通的。」

他嘆了口氣。「所以你是說如果我百分之九十九放棄，就不建議我去接受治療。」

「沒錯。」

「也許我該完全停下來。我需要的只是一些能讓我感覺好一點的藥物。我想我是希望你能說服我事情不是這樣。」

他希望我與他的謊言爭論，那麼他和我之間就會發生衝突。但反之，我必須說出真相，然後他的謊言便會和現實起衝突。

「治療師有三十年的時間試圖說服你。如果你已經百分之九十九放棄，那麼想必你有夠充分的理由。治療在這些狀況下不會有用。如果你在等待治療師帶來希望，那是行不通的。」

「你能推測一下我要怎麼做才會有希望嗎？」

「這只有你自己知道。在你的人生中，一定有一個擁有希望和放棄希望的時刻。一定有什麼東西壓得你喘不過氣來，以至於讓你反抗希望。」

「這是漸進的。」

「人都有這種情況。」

他身體坐直，所以我繼續說：「我正試著給你誠實的回饋。你不想再白費十年，因為治療無法幫助所有人。」

「如果治療沒有幫助該怎麼辦？」

「這是你正在面臨的問題。也許可以使用藥物，看看藥物能提供什麼。」

「如果我讓膝蓋復原並定期鍛鍊身體以產生腦內啡，我就可以透過運動來擺脫它。」

「運動很好。」

「另一種方法是假裝有用，直到我成功為止。」

「很多人也會這樣做。」

「他們說你應該做你喜歡做的事，但我沒有任何喜歡的事情。所以你是說治療對我沒有任何好處。」

他誤認為治療對他沒有任何益處。事實上，是他放棄、採取消極立場和反抗的策略對他沒有任何益處。他是對的。他對自己說的謊對他沒有幫助。

「你已經嘗試放棄三十年，也向我展示了證據——毫無成果的三十年。你接受治療的方式是行不通的。如果你想要有不同的結果，就需要做一些不同的事情。只有你才能知道你可以做什麼不同的事情來獲得不同的結果，也許你無能為力。只有你知道答案。」

「你把決定權丟給我。我很無助。」

「如果你無能為力，我們必須接受你無能為力。有些人有身體上或精神上的殘疾，如果這對你來說是真的，你就不得不接受殘疾的生活。」

「你是在說真話對不對？」

「對。確實有殘疾的人士。如果你真的有殘疾，你將過著殘疾的生活。再說一次，我不知道。若是有，也只有你知道你能做出什麼樣的改變。」

「我能找到的方法就是去看另一位心理治療師。」

他認定自己需要的是換個心理治療師，但其實真正需要改變的是自己利用心理治療的方式；他在需要「開始」接受治療時，反倒認為自己需要停止治療。實情是，他進行自我毀滅已有三十年之久，還稱之為「心理治療」。

「你只會等待另一位治療師來做任何治療師都做不到的事情。就像你說的，你會無助地等待治療師來拯救你。你已經嘗試了三十年。我不明白你為什麼需要給自己更多證明。」

「你真的不是在故意唱反調嗎？」

「這些都是事實。你試著身處無助，它只會讓你更無助。為什麼要花錢讓自己變得更糟？你已經知道怎樣會身處無助了，不需要再花錢請治療師來做這件事。」

「你的意思是要放棄。」

「你有一個痛苦的人生，放棄也很痛苦。你對自我仇恨感到痛苦和悲傷，另一方面，你想放棄、讓其他人承擔責任。我要說的是，如果你一直希望他人承擔責任，你會繼續花錢讓事情變得更糟糕。」

「也許我應該行使選擇權，努力變得更好。」

「一直都有這種選擇存在。」

「如果我想變得更好，我或許能夠變得更好。」

他在這裡提出了一個變得更好的假想願望，希望可以替代努力進行心理治療的真正願望。

「有可能，但你必須真的想要這麼做。如果你只想付出百分之一，就只會得到百分之一的結果。」

「誰會只想要這樣做？」

「你是在讓我知道你對百分之一的結果並不滿意。你知道這是胡說八道，你不喜歡胡說八道。在你生命中剩下的時間裡，你能給自己什麼？每周只有五十分鐘的心理治療時間，其餘時間都在你。心理治療的主角是個案，治療師只佔很小的百分比。」

「我猜你會說我在浪費時間。」

「如果你打算這樣做，你已經知道這是在浪費你的時間和金錢。你告訴過我，你浪費了你的時間。用這種方式進行治療是行不通的，你一直在以一種保證不會有用的方式來做這件事。這會要花很多錢去進行結果很糟糕的治療。」

「對。好吧，那我可以告訴我的治療師，你說治療是浪費時間嗎？」

再一次，他認為治療是在浪費時間，無視正在上演的是自我毀滅行為如何摧毀他的生活。

「如果你維持百分之九十九放棄的心態，並繼續等別人來拯救，你的確可以跟他說心理治療就是浪費時間。你一邊說沒有希望，卻又持續浪費錢，為什麼要這麼做？」我又說：「你有想變得更好的一面。有一部分的你想從監獄裡出來，但另一部分的你對監獄很滿意，想待在那裡直到入土為安，並且為監獄辯護。只要你在那裡待得開心，你就會一直待在那裡。」

「你會建議我怎麼離開監獄？如何改變我想要的？」

「你為什麼要改變你想要的？」

「因為我不想再這樣了。」

「也許現在不是放棄那個故事的時候。你對它很堅持，所以一定有很好的理由。為什麼要讓自己想要並不想要的東西呢？」

「我不想那樣。」

雖然這是真的，但他在過去的三十年裡也一直反對治療。我們必須幫助他看到他希望治療起作用，以及他想要在治療中表現出無能為力之貌——這兩者都是事實。

「如果我們今天百分之百接受你本來的樣子，也就是你已經放棄了，認為沒有希望。沒關係，這就是我正在面對的人。我們能接受現實嗎？」

「也許我現在坐在輪椅上，但你永遠不知道是否有治癒這種疾病的方法。我可能永遠坐在輪椅上，但我不想失去不再坐輪椅的機會。」

「我們治療師必須接受你們大多數人都想坐在輪椅上。」

「沒錯。」

「注意到這一點、接受這一點、讓它成為現實，不必改變它、不必解釋它、不必強迫自己做任何不同的事情。」

「我猜你遇過絕望的個案。」

「是的。」

「百分之幾？」

「很少。」

「你就這樣讓他們離開嗎？哇！」

「我必須接受事實。如果你認為自己沒有希望，我就必須接受你的評估。你的性格有兩個部分：你渴望改變，你相信自己是絕望且無助的。儘管絕望是贏家，但這兩種力量都存在於你身上。我們必須接受你感到無助、絕望，並接受這一點。這些都是事實。」

「我不想接受。我不想接受這些事實。聽到你這麼說，我想反抗。」

「你是如何經歷這種反抗？」

「我不知道。我有一些控制權，所以當你說我沒有希望時，我又不相信。我的生活很痛苦，但如果我願意，我可以改變我的希望，而不是轉身死去。我不同意你的看法。我還沒準備好放棄。」

「準備好做點別的了。」

「我已經準備好認知我對自己的暴力行為，每次我這樣做時都要特別留意。我不想成為自己現在的樣子。我希望能想要一些事情，而且我不認為百分之九十九的自己已經絕望。」他坐了起來：「也許有可能。」

「也許有可能。」我重複。

「我只需要點亮指引燈並讓火爐運轉。」

「火爐需要在你的內在運轉。你一直在等待火爐在別人身上運行。這是一個非常不錯的洞察，我很少聽到如此優美的比喻。等著有人成為那個火爐，但火爐就是你自己，而你所需要的只是點亮指引燈。」

「我認為它還是可以被點亮，我不認為火爐已經完全損毀。」

「當然沒有。火爐可以被點燃。如果你不點燃火爐，那麼它就死了。

你想在自己身上點亮這盞燈嗎？」

「我想點亮這盞燈。」

「那還不夠。」

「我必須點亮指引燈。」

「僅僅是『想』是不夠的。」我堅持。

「火爐可能沒辦法滿檔運轉，因為它是舊爐，但可能還留有一半的功能。」

「即使是舊火爐也能讓屋子裡暖起來。」

「這很有趣，但你形容的慘澹畫面讓我想反抗：『他是錯的！』」他開始啜泣，振作起來後，他又說：「我確實有一些控制權。我不能就這樣低著頭繼續待在監獄裡。」他再次抽泣，停了下來，然後轉過身。「我認為你在故意唱反調。」

「我只是在說實話，而你真實的所作所為非常慘澹。」

他哭了。「當你消極了一生後，就很難保持積極。」

「是沒錯。我們都注意到很難對自己保持積極態度。對自己消極一直是一種緩慢的自殺形式，一點一點地扼殺自己。現在我們知道你想要更多東西。」

「我可以很輕鬆地回頭。」

「當然。選擇一直都存在。你隨時都可以選擇自我憎恨的道路。」

他停了下來。「我確實一直都有選擇。準備好開始死亡或準備開始生活。但光出一張嘴有什麼用。」

「是的，沒錯。」

「而且我想你正在想，如果我能觸碰到自己的感受，它就會讓我自由。」

他並沒有專注於自己心中的想法，而是在猜測我的想法。他就是這樣逃避面對自己內心的渴望。

「誰有這種想法？」

「我有。」

「你想觸碰自己的感受嗎？」

「是。」

「你覺得更自由嗎？」

「對。事實上，我甚至想掌控……」

「這非常重要。你想為了自己去面對自己的感覺。對你來說，擁有對自己正面的願望感覺很危險，所以你把它歸咎到我身上。你害怕說出你想得到自由。這非常重要。你害怕自己的醜陋，但你更恐懼自己內在的美、對健康的渴望、自己的優點，這就是你試圖放在我身上的東西。你把美切割出來，放在我身上，然後把自己認為是醜陋的。我們必須把健康的願望還給你，所以一切都在你。」

他停了下來。「我從來沒有這樣想過。」

「當你擁有它時，你注意到什麼感覺？」

「我想到一首歌〈一切都很美好〉。這概念可能是空中閣樓之類的東西。」

他的眼裡充滿了淚水。

「你很感動。」

「我是。我覺得反胃而且很累，但我確實有可能擁有從不同視角看事情的能力。」

「你可以點燃火爐。選擇生活而不是選擇翻身裝死。」

他藉由提及女友來轉移話題，說：「我認為這個女孩是一個可怕的騙子。」

「這有可能，但我想知道：當我們回想這次療程時，你是如何對自己說謊的？你對自己說的謊言比她能告訴你的任何謊言都危險得多。」

「說我覺得反胃是滿誇張的——是一點點誇張。說我完全無法控制任何事情是騙人的。說我別無選擇、只能翻身裝死然後斷氣也是騙人的。這是一種所有人都不在乎的謊言。有些人會在乎。」

「誰是最不在乎你的人？」

他又驚又疑惑。然後我用手指著他。

「哦，我自己，我不會想到這個答案。」

「你最不在乎自己的方式是什麼？」

「退回到陰影中，以及腦中出現非常糟糕的影像，最糟糕的是一直出現『你一文不值』、『你沒希望了』、『你無法勝任』等字眼。這些都是我對自己說的謊言。正如你所說，我對自己很殘忍。我可以抓住這些概念，並用喜歡的方式形塑它們。如果我認為自己無法勝任，我可以嘗試以某種方式成為有可以勝任的人。」

「我們接近尾聲了，你有什麼感覺？」

「喬恩，我感覺好多了。老實說，真的好多了。在你說『讓我們面對現實吧，你有殘疾』之後，我開始感覺好多了，然後我又想還擊。」他再次啜泣，繼續說道：「也許我在情緒和悲傷中得到了釋放；也許是在你說『你是一個絕望的案例，有心理障礙』的時候。如果我想，我可以還擊。」他再次淚流滿面。

「我可以還擊。」他再次啜泣。

「你可以為你自己、你的人生還擊。」

「對，我不知道我的生活出了什麼問題。」

「你對自己做了一個巨大的錯誤，但你可以扭轉局面。我不知道別人曾對你做了什麼，但你對自己做了一個巨大的錯誤，而你可以改變它。」

「每當我有一個想法，幾乎每一次，我都會想到對自己的暴力，以及我是如何委屈自己的。謝謝你，喬恩。」

隨著他突破了因各種破壞自己所產生的悲傷和愧咎，他開始對自我毀滅的防禦進行還擊。他意識到自己是與現實衝突，而不是與我衝突。他不曾意識到自我破壞會摧毀任何治療，把治療變成胡說八道。

他看到了自己的悲慘生活，但沒有看到自己是如何親手打造一切。當他不在乎自己時，他認為別人不關心他；當他對自己說謊時，他認為別人對他說謊。他發現自己比他的謊言更強大。

你永遠比我們認知到的更宏偉

真理是一片海洋，但理論只是一只茶杯。即使我們已經與所愛之人相處了幾十年，卻沒有發現他們對我們來說很神祕。所愛之人是我們經常去了解、但在我們的信念之下仍隱藏著未知的人。我們無法理解任何想法但可以接納，因此是「可感受的」。每個人都將永遠比腦中的理論更偉大。

我們不再以一種超人的「優越感」凌駕他人。我們處在一個更廣陌的現實之下，哲學家海德格曾提醒，我們的立場就是真正的理解[6]。或許我們不是更深入地看到他人，而是從自己內部、從理解浮現的空間看得更深入。

相遇意味著從另一個人的立場看待事情，我們遇到的對象既是自己

（因為沒有誰對我們來說是全然陌生的），也不是自己（因為每個人都是獨一無二的）。每個人都是宇宙的中心，我們也是，世界上存在著很多中心[7]。

在特定情況下，連結可以觸及人的本質。我們向那些試圖與我們連結，以及我們試圖建立連結的人敞開心扉，或要求對方符合我們的成見。然而，經驗告訴我們，人降生於地球並不是為了證實我們的理論，而是為了反駁它們。如果我們試圖讓其他人符合自己的信念，就永遠找不到他們的本質。若是我們熱愛自己的幻象，就永遠不會感受到與躲在後方之人真正相遇的驚喜。

我們可以將他人囚禁在他們的過往和我們的需求中，那麼，他們的本質就會變成撫摸我們額頭的那隻手，等待我們從自我昏迷中清醒。如果我們夠幸運，與他人的差異會喚醒我們，讓我們睜開眼睛，一點一點地察覺他人，並試圖完整地了解他們。不過，正如古希臘哲學家赫拉克利特（Heraclitus）所言，我們「無法發現靈魂的界線，儘管每條道路上都有你的足跡：它的根基是如此深厚。」每個人都是不可知的。

我們每個人都是一種神祕的意識，沒有空間、位置、記憶或慾望，就是一種沉默的開放性。即便理論再精彩，也不過是指著我們的一根手指頭。

面對選擇擁抱「他人」或「我們對他們的想法」，我們必須始終選擇人，如此一來，我們的思維就能擴展以適應本來的樣貌。我們是可知的嗎？不，但我們是可以接納的，「接納」就是我們生活的方式。

結語

我仍然能看到微風從窗戶吹進來的畫面，窗簾搖曳、繩索懸垂，窗台被細小的牙齒啃咬著。我聽到了過去的聲音和尖叫。這扇死亡之窗也是通往生命的門戶。我們每個人都是一扇被真理穿過的窗戶，每陣風都是另一種死亡。這種開放性、肯定性：臣服於真實的樣貌。我是否相信那是接納的覺察？也許在我弟弟去世的那天，我聽到了內心的風之歌。我了解到，覺察並非在於我們做了什麼，而是在於我們是誰。我們每個人都是一扇覺察之窗，其中的空虛就是要讓真相揭露。我們活在其中，就是如此神祕。我們就是接納。

致謝

我要感謝那些閱讀並評點本書草稿的人：Zahra Akbarzadeh、Jeremy Bartz、Isabella Bates、Steve Bates、Diane Byster、Linda Campbell、Tim Campbell、Terry Dinuzzo、Allan Gold、Kathleen Golding、Maury Joseph、Binnie Krystal-Anderson、John Lagerquist、Cindy Leavitt、Judy Maris、Tobias nordqvist、Peter Reder、Maggie Silberstein、Joseph Sokal、Alvin Stenzel，尤其是 Linda Gilbert，沒有她，這本書不可能變成現在的樣子。感謝 Tony Rousmaniere 建議我寫出這本書。感謝 Mary Holmes 提供了一個寫作的好地方。我還要為了我們的對話感謝 Peter Fenner，源自於此的光輝通篇照耀著整本書。當然，若書中有任何缺陷或錯誤，都僅與我一人有關。我還要感謝我以前的心理治療師、主管、個案和老師，他們的榜樣在我的人生和工作中一直激勵著我。最後，我必須向教會我「接納」真正含意的人——我的妻子凱絲——表達我最深切的感謝。

註釋

第一章

1. Sigmund Freud to C. J. Jung, 1906, in The Freud/Jung Letters (Princeton, NJ: Princeton University Press, 1994). "Psychoanalysis Is in Essence a Cure through Love."
2. Jeff Foster, *Falling in Love with Where You Are* (New York: Non-Duality Press, 2013).
3. 著名的自殺及其原因研究者施奈德曼提出，自殺是試圖從他稱之為「靈痛」（psychache）的難以承受之心理痛苦中得到抒解。Edwin Shneidman, *Suicide as Psychache* (New York: Jason Aronson, 1995).
4. 感謝精神分析學家埃德蒙・伯格勒（Edmund Bergler）在其著作《The Superego》（New York：Grune and Stratton，1952）中的這句話。
5. Wilfred R. Bion, *Seven Servants* (New York: Jason Aronson, 1970).

第二章

1. Byron Katie, *Loving What Is: Four Questions That Can Change Your Life* (New York: Three Rivers Press, 2003).

2. 有趣的是，儘管佛洛伊德以提出病患「說出腦中所想」而聞名，但許多治療師並沒有發現，佛洛伊德在一九二三年寫出其中一篇主要論文，其中指出病患不能這樣做。事實上，他們花了大多時間都在逃避談論重要事物，這使佛洛伊德的工作方式產生重大轉變：專注於研究「防禦」（亦即那些我們為了避免生活中的痛苦而告訴自己的謊言）。

3. Donald Meltzer, *Studies in Extended Metapsychology: Clinical Applications of Bion's Ideas* (London: Karnac Press, 2009).

4. John Bowlby, *Attachment and Loss,* 3 vols. (New York: Basic Books, 1976–1983).

5. 對於那些使用「靈魂」一詞感到好奇的人，我推薦貝特海姆（Bruno Bettelheim）的著作《Freud and Man's Soul》。貝特海姆描述佛洛伊德如何使用「靈魂」來指代人類的深處，也就是我們在語言背後是誰？什麼是未知的、尚未被理解的？事實上，佛洛伊德的作品中並不存在「精神分析」（psychoanalysis）這個詞，他使用的術語是「Seeleanalysis」，也就是「對靈魂的分析」。

6. 出自與辛蒂．李維特（Cindy Leavitt）的私人通訊。

7. 對「希望」這個主題感興趣的人都應該閱讀布洛赫的《The Principle of Hope》，了解除幫助他人看到絕望的道路並找到充滿希望的道路，我們還能做什麼。此外，也請參考佛洛姆（Erich Fromm）《Anatomy of Human Destructiveness》的結語，他對作為「異化希望的樂觀」與「基於對現實清醒評估的真正希望」之間的差異進行了精彩的討論。

8. Dag Hammarskjold, *Markings* (New York: Alfred Knopf, 1964).

第三章

1. 出自柏拉圖的普羅泰戈拉對話。希波克拉底：「蘇格拉底，靈魂的食糧是什麼？」蘇格拉底：「如我曾說的，知識是靈魂的食糧。」
2. 約翰・威爾伍德首創這個詞，描述濫用精神實踐以逃避心理問題。
3. Simone Weil, *Gravity and Grace* (New York: Routledge, 2002).
4. 古羅馬劇作家泰倫提烏斯。
5. 哈里・斯塔克・沙利文（Harry Stack Sullivan）是精神病學人際關係學派的創始人。
6. 特土良被認為是古羅馬時代拉丁基督教之父。
7. 精神分析學家盛歌德（Leonard Shengold）探討孩童的靈魂是如何因生理和情感虐待而被謀殺。
8. Melanie Klein, *Envy and Gratitude and Other Works 1946–1963* (New York: Delacorte Press, 1973).
9. Sigmund Freud, "Remembering, Repeating and Working Through (Further Recommendations in the Technique of Psychoanalysis II)" (1914), in *The Standard Edition of the Complete Psychological Works of Sigmund Freud* (London: Vintage Books, 2001), 12:145–156.
10. John Fiscalini, *Coparticipant Psychoanalysis: Toward a New Theory of Clinical Inquiry* (New York: Columbia University, 2012).
11. Thomas Aquinas, *Summa Theologica* (New York: Christian Classics, 1981).
12. Donald Winnicott, *Maturational Processes and the Facilitating Environment: Studies in the Theory of*

Emotional Development (London: Karnac Books, 1966).

13. 羅森費爾討論「洗手間移情」，即病患貶低治療師的價值，以避免嫉妒治療師可以為病患提供的內容、以及病患無法為自己提供的內容。安德烈・格林等法國精神分析學家將這種貶抑模式描述為「fecalization」。

14. Bruno Bettelheim, *Love Is Not Enough* (New York: Free Press, 1950).

15. Aaron Beck, *Love Is Never Enough* (New York: Harper Perennial, 1989).

第四章

1. 鹽娃娃的故事在佛教和印度教等許多非二元傳統中廣為人知，並被拉瑪那尊者（Ramana Maharshi）等著名上師使用。

2. 約瑟夫・愛欣朵夫的這首詩作被用於作曲家史特勞斯（Richard Strauss）的作品《最後四首歌》（Vier letzte Lieder）之中。

第五章

1. Simone Weil, *Gravity and Grace*.

2. Johann Wolfgang von Goethe, *Scientific Studies* (New York: Suhrkamp, 1988).

3. Goethe. Quoted in Iain MacGilchrist, *The Master and His Emissary: The Divided Brain and the Making of the Western World* (New Haven, CT: Yale University Press, 2012), 36.
4. 比昂（Wilfred Bion）為克萊恩（Klein）派的一名精神分析家，他提出我們不僅有侵略和愛的驅動力，而且還有一種了解真相的本能：知識慾（epistemophilia）。
5. Erich Fromm, *Escape from Freedom* (New York: Holt, 1941).
6. Martin Heidegger, *Zollikon Seminars: Protocols—Conversations—Letters* (Evanston, IL: Northwestern University Press, 2001).
7. 卡爾．拉內（Karl Rahner）是二十世紀著名的神學家。這句話出自他的《Spirit in the World》一書（London: Bloomsbury Press, 1994）。對拉內來說，與一個人有關的所有知識都是關於人類存在於世界的知識。我們所擁有關於世界的一切概念性知識都有一個事相面（horizon），在它之外是人類存在的非概念性預知，是所有認識的基礎。
8. John Keats, *The Complete Poetical Works and Letters of John Keats,* Cambridge Edition (New York: Houghton Mifflin, 1899).
9. John Fiscalini, *Co-participant Psychoanalysis.*
10. Simone Weil, *Gravity and Grace.*
11. Jose Saramago, from his novel *Blindness* (New York: Harvest Books, 1999).
12. Jean Klein, *Transmission of the Flame* (London: Third Millennium Books, 1994).

第六章

1. Dietrich von Hildebrand, *The Nature of Love* (New York: St. Augustine's Press, 2009). 本作有許多靈感都來自於希爾德布蘭。
2. Robert Wolfe, *Living Nonduality: Enlightenment Teachings of Self-Realization* (Ojai, CA: Karina Library, 2014), 235.
3. 來自一個可以在許多網站上找到的印度教寓言。例如：http://www.awakin.org/read/view.php?tid=958
4. Emily Dickinson, *The Complete Poems of Emily Dickinson* (New York: Back Bay Books, 1976).
5. 我在本章中提出的許多想法都是借用自彼得．威爾伯格，*The Therapist as Listener: Martin Heidegger and the Missing Dimension of Counseling and Psychotherapy Training*（Eastbourne, UK: New Gnosis, 2004）.
6. Martin Heidegger, *Being and Time* (New York: Harper, 2008).
7. N icolas Berdyaev, *Freedom and Slavery* (New York: Scribner, 1944).

揭開自己的謊言

那些我們自欺欺人的方式，
以及如何從痛苦困境中解脫

作　　者｜喬恩・傅德瑞克森
譯　　者｜梵妮莎
總 編 輯｜盧春旭
執行編輯｜黃婉華
行銷企劃｜鍾湘晴
美術設計｜王瓊瑤

發 行 人｜王榮文
出版發行｜遠流出版事業股份有限公司
地　　址｜台北市中山北路 1 段 11 號 13 樓
客服電話｜ 02-2571-0297
傳　　真｜ 02-2571-0197
郵　　撥｜ 0189456-1
著作權顧問｜蕭雄淋律師
ISBN ｜ 978-957-32-9564-8

2022 年 6 月 1 日初版一刷
定　　價｜新台幣 390 元
(如有缺頁或破損，請寄回更換)

遠流博識網
http://www.ylib.com
Email: ylib@ylib.com

國家圖書館出版品預行編目 (CIP) 資料

揭開自己的謊言 : 那些我們自欺欺人的方式 , 以及如何從痛苦困境中解脫 / 喬恩 . 傅德瑞克森 (Jon Fredrickson) 著 ; 梵妮莎譯 . -- 初版 . -- 臺北市 : 遠流出版事業股份有限公司 , 2022.06
　面 ;　公分
譯自 : The lies we tell ourselves.
ISBN 978-957-32-9564-8(平裝)
1.CST: 心理學

170　　　　111006076